Legahn Meuterei in der Kaiserlichen Marine

Ernst Legahn

Meuterei in der Kaiserlichen Marine

1917/1918

Ursachen und Folgen

KOEHLERS VERLAGSGESELLSCHAFT · HERFORD

ISBN 3 7822 0040 3

Umschlaggestaltung: Ernst A. Eberhard, Bad Salzuflen
Druck: H. Brackmann, Löhne (Westf.)
Bucheinband: B. Gehring, Bielefeld
Printed in Germany

INHALT

EINLEITUNG

Der Versuch, die Ereignisse in der deutschen Hochseeflotte im Sommer 1917 und im Herbst 1918 nach Ablauf eines halben Jahrhunderts nachzuzeichnen, zugleich die Frage nach den wesentlichen Ursachen des Aufstandes der Matrosen und Heizer zu stellen und die Nachwirkungen in den späteren Epochen der Marinegeschichte aufzuspüren, unterliegt der Gefahr, aus den zwiespältigen und oft einander widersprechenden Berichten, Stellungnahmen und Gutachten ein einseitiges Bild zu entwerfen und daraus falsche Schlüsse zu ziehen.

Mit Vorbehalt muß deshalb der Vielzahl der vorhandenen Literaturquellen begegnet werden. Dennoch ist der Versuch lohnend, weil die Ergebnisse einen hohen Aussagewert und brauchbares Lehrmaterial für die Lösung zeitbedingter Personalprobleme der Bundesmarine besitzen. Darüber hinaus bedeutet die Studie ein ausgegrabener Abschnitt der Marinegeschichte, über den man nicht gern spricht, den man als „Schande der Marine“ empfindet.

Allen Quellen haftet verständlicherweise der Mangel der subjektiven, d. h. standortbezogenen Betrachtung an, je nach Stellung und Aufgabe inmitten des Geschehens, je nach „klassenbewußter“ Parteinahme und jeweils nach dem früher oder später eingenommenen Standpunkt infolge der politischen Entwicklung in den Nachkriegsjahren übezeugt, im guten Glauben.

So nimmt es nicht wunder, wenn Aufzeichnungen von Teilnehmern nach den Vorgängen im allgemeinen die eine Seite verfärben, verharmlosen und übertreiben, und sie selbst gar oft den Ruhm der revolutionären Taten beanspruchen. Ein typisches Beispiel bildet die Veröffentlichung von „Antinautikus“, hinter der sich einer der Rädelsführer der Matrosenaufstände im Sommer 1917 verbirgt (vergleiche Literaturübersicht und Personenregister).

Die beste Grundlage bieten Aufzeichnungen und Tagebücher, die während der Ereignisse gefertigt sind.

Den gleichen authentischen Wert besitzen die von den Untersuchungsrichtern geführten Vernehmungsprotokolle. Gleichwohl werden auch diese Unterlagen unwahre Angaben und Schutzbehauptungen — wie wohl alle Vernehmungsprotokolle — mit umschließen. Sie werden, trotz einer gewissen Druckausübung auf die vor einem militärischen Gericht stehenden Angeklagten, nicht alles erhellen können, was wohlweislich verschwiegen wird. Aber ein Querschnitt durch eine Anzahl ähnlicher Fälle schält den wesentlichen Sachverhalt heraus.
Unumgänglich für die Untersuchung war die Forderung nach Berücksichtigung der Unterlagen aller an den Vorgängen aktiv oder passiv beteiligten Zeugen, vom Stabe, von der Kommandobrücke, aus den Kasematten, vor den Kesseln und schließlich jener entfernter Zeugen, die „ihre Hand mit in dem bösen Spiel" gehabt haben, der Boß und die Funktionäre einer politischen Organisation.
Daraus setzt sich allmählich eine Skizze zusammen deren hauptsächliche Schnittpunkte deutlich erkennbar werden und in den Nebenlinien am Rande verwischen.
Ein weiteres Erfordernis, diese Arbeit zu beginnen, war der persönliche Einblick in die spezifischen Bordverhältnisse der Flotte, um die Ursachen des Aufbegehrens der Matrosen und Heizer nachempfinden zu können.
Offensichtlich hat das enge Zusammenleben an Bord eines Kriegsschiffes das Kommando zu allen Zeiten vor besondere Probleme gestellt, wie ein Ausspruch von Admiral de With (nach einer Amsterdamer Chronik 1631) beweist:

> *Für einen Hund wird mehr gesorgt als für einen Seemann; ich möchte lieber den Türken dienen, als der Compagnie auf dem Hungerberge.*

MEUTEREI 1917

Die Vorgänge in der Hochseeflotte

— Unbotmäßigkeiten, Gehorsamsverweigerungen, Meuterei —

In der Marine hat es immer, im Frieden wie im Kriege, „besondere Vorkommnisse“ gegeben, die auf dem internen Dienstwege behandelt wurden. Das waren normale Vorgänge wie überall, wo Matrosen in der Masse zusammengedrängt auf einem Kriegsschiff leben mußten.

In der vielgerühmten guten alten Zeit der hölzernen Schiffe und der eisernen Matrosen war es wegen der Aufrechterhaltung von Ordnung und Disziplin an Bord keine seltene Ausnahme, einen Meuterer am Mast hängen zu sehen.

Man erinnert sich der Meuterei auf dem russischen Panzerkreuzer *Potemkin* im Jahre 1905, vielleicht noch an die Meuterei der k.u.k. Marine im Januar 1918 an der Adria. Und man spricht heute in Marinekreisen nicht gern von den düsteren Tagen in Kiel in den Jahren 1917 und 1918. Nur wenige unserer Zeitgenossen sind in der Lage, Ursachen, Zusammenhänge und Ereignisse annähernd übersehen zu können.

Eine Übersicht mag das Geschehen rekonstruieren, gedrängt und bewußt unter Verzicht auf alle Nebenerscheinungen, damit der Vordergrund besser zum Vorschein kommt.

SMS Westfalen

16. August 1917, dreißig bis vierzig Matrosen treten nicht zur Kohlenübernahme an, weil sie keine Zulage erhalten sollen.

SMS Pillau

20. Juli 1917, ca. 140 Besatzungsmitglieder gehen während der Werftliegezeit unerlaubt von Bord; Begründung — Ablehnung von Urlaubsanträgen.

Relativ geringe Bestrafungen (drei Stunden Strafexerzieren). Noch ging es um Verpflegung, Urlaub und Dienstablauf. Der Mut wächst wegen der geringen Folgen.

SMS Rheinland

16. August 1917, bei der Musterung treten Mannschaften geschlossen vor, um Urlaub zu erzwingen; Demonstration wegen Urlaubskürzungen.

SMS Posen

Mitte Juli 1917, Beschwerde der Heizer über schlechte Verpflegung (Steckrüben),

Anfang August 1917, Dienstverweigerungen, weil Gewichte der Brote zu gering.

SMS Helgoland

Juni 1917, etwa 30 Matrosen weigern sich, neunzig Zentner verdorbenes Mehl auszuladen.

Bestrafung mit zusätzlichem militärischen Dienst.

8. August 1917, politische Untergrundbewegung aufgedeckt.

SMS Friedrich der Große

4./5. Juli 1917, Mannschaften treten nicht zum Dienst an, weil die Brotration gekürzt wurde.

In einer Nachtschießübung hatten die Mannschaften die Brotration für den folgenden Tag bereits verbraucht. Der Forderung nach zusätzlichem Brot wurde nicht entsprochen; es wurde nur Kaffee ausgegeben. Spontan verweigerte die gesamte Besatzung den Dienst. Scharfes Durchgreifen und Grützsuppe stellten Sicherheit und Ordnung an Bord wieder her.

11. Juli, abermalige Dienstverweigerungen.

SMS Prinzregent Luitpold

6. Juni 1917, erster Hungerstreik; die Heizer weigern sich demonstrativ, wieder Dörrgemüse entgegenzunehmen.

19. Juli 1917, zweiter Hungerstreik;

1. August 1917, während der Werftliegezeit in Wilhelmshaven gehen 49 Mann von der 3. Heizerwache um 9 Uhr aus Unzufriedenheit über entzogene Freiwachen und abgesagten Kinobesuch unerlaubt von Bord. Gemeinsame Verabredung zur Gehorsamsverweigerung für den nächsten Tag.

Am Vorabend ging das Gerücht durch alle Decks, für den 1. August sei ein militärischer Ausmarsch geplant. Den

Heizern bemächtigte sich eine Verärgerung, weil sie glaubten, Anspruch auf einen gemeinsamen Ausflug oder auf eine Kinovorstellung zu haben. Man verabredete untereinander, von Bord zu gehen, wenn der militärische Ausmarsch angeordnet werden sollte. Von unbekannter Hand stand am Abend an der Befehlstafel geschrieben: „Wenn kein Kino, dann Ausflug ohne Erlaubnis.“

Wegen des ungünstigen Wetters in der Frühe des 1. August wird der Befehl an der Tafel ausgehängt: „8 Uhr 46 Min. Kino.“ Wenig später, offenbar wegen des inzwischen günstigeren Wetters, wird der Befehl zurückgezogen und durch den Anschlag ersetzt: „9.00 Uhr Antreten zum Ausmarsch.“

2. August 1917, um 7.00 Uhr verlassen etwa 44 Mann das Schiff, um gegen die Festnahme einzelner, an der unerlaubten Entfernung beteiligter Kameraden zu demonstrieren. „Der große Ausmarsch.“

An Bord herrscht Erregung, daß nur 11 von 49 Mann bestraft werden sollen.

Der wortführende Heizer Köbis berief am Abend des 1. August eine Versammlung im Werftgelände ein. Hier wurde der Beschluß gefaßt, den eigenmächtigen Ausmarsch zu wiederholen, um das Kommando zu zwingen, die Bestrafung der festgenommenen Heizer auszusetzen.

Am folgenden Tage marschiert man mit 44 Mann, nach Überrumpelung der Werftwache, zum Deich nach Rüstersiel. Köbis hält eine Ansprache; Zweck des Ausmarsches sei die Befreiung der Gefangenen; er weist in propagandistischer Absicht auf die Ziele der Unabhängigen Sozialdemokratischen Partei (USPD) hin.

Nach gütlichem Zureden eines Feldwebels MAA und später nach freundlicher Aufforderung durch einen Kapitänleutnant kehren die Heizer freiwillig zurück und melden sich um 11.30 Uhr an Bord. Hier wollen sie ihre beschlossenen Forderungen vorbringen: Freilassung der verhafteten Soldaten, Abschaffung des militärischen Dienstes für Heizer, Gewährung regulärer Freizeit an Bord.

Der Kommandant erklärt den Belagerungszustand, der Geschwaderchef gibt Gefechtsalarm. —

Ursachen des Aufbegehrens

Bordverhältnisse in der Hochseeflotte

Träger der Gehorsamsverweigerungen und Meuterei waren die Mannschaften der „Dickschiffe", d. h. die Besatzungen der großen Linienschiffe mit 1200 bis 1400 Mann an Bord. Nur hier konnte sich die Unruhe wirksam ausbreiten, denn die Bordverhältnisse und die Atmosphäre auf den schwimmenden Festungen unterscheiden sich grundlegend von denen auf den kleineren Fahrzeugen, wie den Torpedo-, Vorposten-, U-Booten und wie den anderen Kriegsschiffen mit weitaus geringerer Besatzungsstärke. Doch auch auf den kleineren Einheiten galt die Erfahrung aus den Zeiten der Segelschiffe[1]):
„Auf engem Schiffsraum und weiten Reisen konnten Standesprivilegien nicht recht aufkommen; doch war der Dienstablauf nur gewährleistet, wenn der Kapitän ein sehr sorgsames Auge auf seine oft sehr zusammengewürfelten Matrosen hatte, um beginnende Unzufriedenheiten im Keime zu ersticken, was starke Autorität voraussetzte."
Die massiven Vorwürfe der betroffenen Besatzungsmitglieder und die abschwächenden Stellungnahmen der Kommandoleitungen sind in diesem Punkte, wie auch in der Frage der Bordverpflegung erklärbar. Jeder betrachtet die Verhältnisse von seinem Standpunkt, glaubt sich im Recht und gibt sein Urteil aus seinem Sektor des Geschehens ab. Und natürlich müssen die Gutachten sehr unterschiedlich ausfallen, je nach der ausgeübten Funktion und Stellung an Bord eines mit einem komplizierten Großbetriebe vergleichbaren Kampfschiffes. So wird das Urteil aus der Sicht des Seeoffiziers auf der Brücke und in der Messe wesentlich anders ausfallen als jenes aus der Sicht des Matrosen an Deck, im Geschützturm oder in der Kasematte. Der leitende Ingenieuroffizier wiederum sieht die Dinge anders

[1]) Drascher, Wahrhold: Zur Soziologie des deutschen Seeoffizierkorps, in: Wehrwissenschaftliche Rundschau, Heft 10/1962, S. 557

als der vor dem Feuer stehende Heizer, der Deckoffizier anders als der Maat.
Ehe die spezifischen Personalprobleme zu behandeln sind, wird eine Skizze der allgemeinen Besonderheiten des Dienstbetriebes nachzuzeichnen sein.
Die Enge und Isolierung des Lebens auf größeren Kriegsschiffen prägt das Bordklima und bereitet der Schiffsleitung eine Fülle von Schwierigkeiten, die oft in einen äußeren und inneren Gegensatz zwischen den Offizieren und Mannschaften einmünden. Es herrscht eine unnatürliche Zusammenballung von vielen Menschen auf engstem Raum. Man muß schon einmal für längere Zeit dabeigewesen sein, um das bedrückende Gedränge in den Mannschaftsunterkünften unter Deck bei „Backen und Banken" oder „Klar bei Hängematten", dazu noch oft bei verschärftem Verschlußzustand (durch Panzerplatten geschlossene Bullaugen) nachempfinden zu können, um zu verstehen, welches Klima hier nach jahrelangem Eingepferchtsein mit einem zusammengewürfelten Haufen aller Schattierungen entstehen kann, wenn das Schiffsvolk der Seesoldaten nicht zum Kampf aufgemuntert wird. Vizeadmiral von Trotha, der Chef des Stabes der Hochseeflotte in der Skagerrak-Schlacht, bestätigt in seiner Aufzeichnung vom 10. Januar 1919[2]):
„Mit der wachsenden Zahl der Mannschaften wird es schwerer, die Besatzung bis in alle Winkel, persönlich und räumlich gemeint, zu beherrschen; Stimmungen und Launen, wie sie auch bei kleinen Anlässen durch das ganze Schiff ziehen, sind schwerer zu fassen und zu bannen, je größer der Kreis, je unübersichtlicher der Schiffskörper ist."
An Bord der Dickschiffe blieb der einzelne, so er in der Bordhierarchie nicht mit an der Spitze stand, anonym und ohne persönliche Bindung an die ganze Crew. Hier fehlte die auf den kleineren Schiffen bewährte face-to-face-relation. Hier konnte man ohne große Mühe auf „Tauchstation" gehen. Schiffsführung und Schiffsvolk blieben ohne unmittelbaren Kontakt. Auf den Torpedobooten u. ä. kannte der Alte auf der Brücke jeden seiner Leute, seine Herkunft, seine großen und kleinen Sorgen. Auf den Schiffen der Hochseeflotte bestand,

---

[2]) a.a.O., S. 16, 17

bedingt durch diese Umstände, oft eine Kluft zwischen Offizier und Mannschaft.
So fanden die gehäuften Klagen über die Mißstände ihre äußere und zunehmend ihre innere Begründung und wurden als Hauptursache der Meuterei ins Feld geführt: unwürdige Behandlung, Nichtachtung der Persönlichkeit, Knebelung des Geistes. Die Berichte der Matrosen und Heizer enthalten eine breite Skala von generellen und einzelnen Beschwerden.
Das Offizierkorps der Kaiserlichen Marine habe, wie an mehreren Stellen der Literaturunterlagen ausdrücklich bestätigt wird, von irgendwelchen Anzeichen, die eine negative Entwicklung andeuteten, nichts bemerkt; es dachte nicht an die Möglichkeit einer Meuterei oder gar an eine Revolte und war, als es zu spät war, hilflos und gelähmt. Bissige Kritiker meinten, diese Fälle seien nicht in der Dienstvorschrift vorgesehen gewesen.
Vizeadmiral von Trotha bestätigt die Ohnmacht der Offiziere in den schwierigen Situationen[3]):
„Dieser über Nacht lawinenartig anschwellenden Gemütserregung stand das Offizierkorps ziemlich überrascht gegenüber. Hier halfen nicht die Reden alter Zeiten, die auf Kaiser und Reich, auf der Väter Opfer und Taten, auf soldatischen Stolz und Heldentum hinwiesen, die die Mannestugenden für Kampf und hingebenden Tod wecken sollten — hier trat plötzlich und stark die politische Bewegung in die Reihen der Leute ein. Die Kämpfe, die sich um die innere Politik in unserem Volk entfesselt hatten, standen plötzlich an Deck, wo sie bisher keine Statt gehabt hatten. Sie anzufassen, war dem Offizier bisher nicht gegeben, dafür war er nicht geschult, die Politik hatte er anderen überlassen, zwischen ihm und seinen Leuten hatte sie keine Statt, sie gehörte ins militärische Leben nicht hinein. Und nun stand diese fremde Macht da, stellte sich zwischen ihn und den Mann; er konnte an ihr nicht vorbei, er konnte, ohne mit ihr zu kämpfen, nicht wieder heran an seine Mannschaft. Da riß der letzte Halt des Bandes, das den Offizier und die Masse der Leute noch vor wenigen Tagen verbunden hatte, da baute

---

[3]) v. Trotha: Zusammenarbeit zwischen Flotte und U-Boot, in: Die Ursachen des Deutschen Zusammenbruchs im Jahre 1918, Berlin 1928

sich eine Mauer auf, die in allerhand verallgemeinerten Einzelverfehlungen, in zusammengetragenen Gerüchten, in häßlichen Übertreibungen schnell zu wachsender Höhe sich türmte."

Erschwerend für das gestörte Zusammengehörigkeitsgefühl der Besatzung der Hochseegeschwader kam die Tatsache hinzu, daß die verbindende Brücke zwischen Schiffsführung und Mannschaft, die mittleren Offiziersdienstgrade, vom Leutnant z. S. bis zum Kapitänleutnant, an die U-Boot-Waffe abkommandiert und durch unerfahrene, aber forsche, blutjunge Leutnants ersetzt werden mußten. Immer mehr fehlte außerdem der Nachwuchs, um qualifizierte Vorgesetzte auszusuchen. Den älteren, erfahrenen Jahrgängen der Mannschaften standen immer mehr jüngere Seeoffiziere ohne seemännisch-praktische Berufserfahrung gegenüber. Versager mit menschlich unzulängliche Qualifikation und seemännischer Stümperei waren im Gegensatz zu kleineren Verbänden auf den Dickschiffen nicht so leicht von der Schiffsführung zu entdecken. Oft konnten diese Mängel durch schneidiges Auftreten zu Lasten der Mannschaft den Kommandos verborgen bleiben.

In hohem Maße störend wurden diese Fehlgriffe von den Deckoffizieren empfunden. Diesen zwischen Offizier und Unteroffizier stehenden bewährten Spezialisten und Praktikern kommt ein besonderes Urteilsvermögen im Zusammenhang mit der praktizierten Personalpolitik in der Hochseeflotte zu. Das Gutachten eines ihrer Vertreter verdient Aufmerksamkeit, weil er in der Mitte der Bordhierarchie steht und über einen Seesack voller Erfahrungen in seinen langen Dienstjahren verfügt, obwohl hier und dort die Mißgunst des verhinderten Seeoffiziers offenbar wird.

Der Sachverständige[4]) geht mit dem Seeoffizier alten Typs zu Gericht und wirft ihm eine Menge psychologischer Fehlgriffe vor. Er spricht von zunehmender geistiger Teilung zwischen Offizier und Mann. Im Mittelpunkt seiner sehr kritischen Analyse des deutschen Seeoffizierkorps vor dem und im Weltkriege steht die Anklage, daß die Seeoffiziere von einem „über-

---

[4]) Marinesekretär a. D. Alboldt: Die Ursachen des Zusammenbruchs der Marine, in: Die Ursachen des Deutschen Zusammenbruchs im Jahre 1918, Berlin 1928

heblichen Kastengeist gegenüber allem, was nicht Seeoffizier" ist, beseelt gewesen seien. Die in der „übertriebenen kaiserlichen Huld" stehenden Seeoffiziere der deutschen Paradewaffe seien mit aller militärischen und administrativen Gewalt ausgestattet und mit der gesellschaftlichen Geringschäzung gegenüber dem Fachoffizier behaftet gewesen. Ihm habe es an genügender Aufmerksamkeit gegenüber der Mannschaft, materiell wie geistig, in Fürsorge und Betreuung gemangelt. Die Personalpolitik an Bord sei von dem Prestigedenken des Seeoffizierkorps durchdrungen und von dessen Enge, Starre und Selbstsüchtigkeit geprägt gewesen.
Der Berichterstatter wird sicher genügend Anhaltspunkte und ausreichendes Belegmaterial für seine schwerwiegenden Behauptungen besessen haben. Trotzdem hinterläßt sein Bericht Unbehagen und Zweifel, ob sein Globalurteil repräsentativen Wert für das Seeoffizierkorps haben kann. Muß man ihm aber trotz erheblicher Vorbehalte die Teilwahrheit zubilligen, so trifft sein Urteil am ehesten auf die Verhältnisse in der Hochseeflotte zu.
Nicht zur Abschwächung des vorliegenden Gutachtens, sondern zu seiner Kommentierung sei darauf hingewiesen, daß immer und überall ein einzelner Repräsentant einer soziologischen Schicht oder eines Berufsstandes durch sein persönliches Verhalten entscheidend zu globalen Fehlurteilen einer anderen Gruppe beigetragen hat, die nur mühsam und langwierig ausgeräumt werden konnten. Übersehen wir dabei nicht den äußeren glänzenden Rahmen des Seeoffiziers in allen Kriegsmarinen der seefahrenden Nationen im Vergleich zu dem Matrosen (der sich selbst ironisch „Lord" nennt)! Seine typische Erscheinung, seine besondere Umgebung und sein Stolz auf seine Waffe läßt ihn im Kreuzfeuer der Kritik erscheinen, wenn sein Glanz erloschen ist. Unabhängig davon hat es immer typische Vertreter innerhalb des Seeoffizierkorps gegeben. Jedes Schiff hat einen besonderen Ruf, und in jeder Einheit — vornehmlich auf Dickschiffen — gibt es und gab es „flottenbekannte Schweinehunde". In der deutschen Kriegsmarine vor dem Zweiten Weltkrieg genoß der I. O. auf einem Panzerkreuzer diesen zweifelhaften Ruf. Über ihn wurde auf allen Schiffen gereest; um seine Gestalt rankten sich schauderhafte

Gerüchte und krochen über alle Decks. Nach dem Untergang von *Prinz Adalbert* zu Beginn des Ersten Weltkrieges erzählte man sich an der Küste die tollsten Geschichten von den brutalen Offizieren, die den Verlust des Schiffes und der Besatzung durch ihr Verhalten verursacht hätten.
In der Tat kann oft *eine einzige Person das ganze Bordleben vergiften.* Für die Schiffsführung gilt es, diesen Mann zu isolieren.
Die Mannschaft der Kaiserlichen Marine rekrutierte sich in der Masse aus der großstädtischen, proletarischen Industriebevölkerung aus allen Ecken des Reiches. Das „klassenkämpferische Bewußtsein" trat vornehmlich bei den Heizern zutage, die die schwerste und schmutzigste Arbeit an Bord der unter Dampf fahrenden Schiffe zu leisten hatten. Viele von ihnen übertrugen bewußt oder unbewußt den Klassenkampf aus der Fabrik auf das Schiff, sie identifizierten den Kommandanten schlechthin mit dem Kapitalisten. Spätestens in heiklen Situationen, ausgelöst durch irgendwelche unliebsamen, provokativen Vorgänge, erinnerten die zur Untätigkeit verurteilten, sonst kampffreudigen Matrosen und Heizer (wie sie in der Skagerrak-Schlacht vorbildlich bewiesen haben) sich ihrer proletarischen Herkunft. Und immer in der Krise des Aufbegehrens zeigte sich die ganze Hilflosigkeit der unpolitischen Seeoffiziere gegenüber der Ideologie des Sozialismus.
Die gesellschaftliche Struktur der Besatzungen auf den Linienschiffen hob sich augenfällig von der Zusammensetzung der kleineren Schiffsbesatzungen ab; die unmilitärische Atmosphäre — im Sinne des Kasernenhofes — auf den Vorposten- und Torpedobooten rührte von dem größeren Anteil der Reservisten aus Fischerei und Handelsmarine an der Mannschaft und an den Kommandanten und Offizieren her.
Wie darzulegen sein wird, boten die großen Schiffe der Hochseeflotte aufgrund der Untätigkeit sowie der gesellschaftlichen Struktur ihrer zahlenmäßig starken Besatzungen ein ideales Betätigungsfeld für geschulte Agitatoren.

„Nur alle paar Monate eine Skagerrak-Schlacht, und alles wäre gut! —"

Dieser ironisch-sarkastische Satz gehörte nach 1917 zum allgemeinen Sprachschatz der Kaiserlichen Marine[5]). In ihm kommt deutlich die innere Haltung der Offiziere und Mannschaften der zur Untätigkeit verdammten Großkampfschiffe der deutschen Hochseeflotte zum Ausdruck. Er enthält aber auch versteckt die Behauptung: Wenn der Kampfgeist der Besatzung nicht durch ständige Passivität im Kriege gezügelt worden wäre, hätte man sich schwerlich die für die ganze Flotte beschämenden Ereignisse im Sommer 1917 und im Herbst 1918 vorstellen können.

Zwar wird diese vereinfachte und globale Behauptung nicht den Vorgängen gerecht, unzweifelhaft wird jedoch die erzwungene Untätigkeit des Hauptteils der Besatzungen der Marine entscheidend mit zu den Ereignissen der Meutereien und Revolten in der Hochseeflotte beigetragen haben. Die Passivität der Geschwader und die Wirkung auf die untätigen Besatzungen bilden den wesentlichen — jedoch nicht einzigen — Faktor, der ursächlich und unmittelbar die unzufriedene, aufsässige Stimmung und die folgenden Unbotmäßigkeiten, Gehorsamsverweigerungen und schließlich die Meuterei heraufbeschwor.

Im Gegensatz zu den ständig eingesetzten kleineren Einheiten der U-Boote, Vorpostenboote, Minensuchfahrzeuge u. ä. lagen die „Dickschiffe" der Hochseeflotte an der Pier, auf Reede, in der Werft. Ohne Einblick in die seestrategische und waffentechnische Situation gegenüber der englischen Flotte, fiel es dem Seemann schwer, die Schuld für das Zurückhalten der Hochseeflotte nicht bei den höchsten Seeoffizieren im Reichsmarineamt, bei dem Admiralstabschef oder bei dem Flottenchef und dem Chef des Marinekabinetts zu suchen. Das Bewußtsein der kampffreudigen Mannschaften, daß es um ein Ringen auf Leben und Tod ging, war durchaus vorhanden. Freilich trugen die Seegefechte bei Helgoland am 28. 8. 1914 und auf der Doggerbank am 24. 1. 1915 wenig dazu bei, das Vertrauen

---

[5]) nach Alboldt, a.a.O., S. 98

in die Seekriegsführung zu stärken. In ohnmächtiger Wut harrten die Besatzungen auf Schillig-Reede ihres Einsatzbefehls zur Entlastung ihrer bedrohten Kameraden. Die Skagerrak-Schlacht am 31. 5. 1916 brachte die Erlösung und trug entscheidend zum Selbstbewußtsein der Flotte und damit zur positiven Stimmung der Besatzungen bei.

Hernach blieb alles beim alten: Warten an der Pier, Überholung in der Werft, Wachtörn, Exerzierdienst, Warten, Gammeln, Untätigkeit. — Während die Armee an allen Fronten verblutete.

Wie stark operative Unternehmungen der Hochseeflotte auf den Geist der Mannschaften wirkten, bestätigen Berichte mehrerer an der Meuterei beteiligter Matrosen und Heizer. So führt der an den Meutereien im Jahre 1917 maßgeblich beteiligte Heizer Willi Sachse *(SMS Friedrich der Große)* aus, daß die Bewegung der Unzufriedenheit einen sehr spürbaren Rückschlag durch die Seeschlacht am Skagerrak erlitt[6]).

Der Dienst an Bord der in den Heimathäfen und in den Werften liegenden Kriegsschiffe umfaßte den auf die Dauer öden und, aus der Sicht der Besatzungen gesehen, wenig dem Gefechtswert entsprechenden Wechsel von Wache, Exerzierdienst auf dem Kasernenhof, Kohlen- und Proviantübernahme usw. Tagein, tagaus. Backen und Banken, Klar bei Hängematten, rise — rise. Und Landgang.

Dennoch, mit den Soldaten der Armee verglichen, hier ein ruhiges Leben in Kriegszeiten: geregelte Mahlzeiten, sichere Unterkunft, Kantine, Krankenbetreuung, Kontakt mit der Heimat, ohne Bedrohung des Lebens u. a. Und unter diesen vergleichsweise bürgerlichen Verhältnissen Mißstimmung und Unzufriedenheit! Gerade deswegen?

Ein großes Kriegsschiff ist für die Landratte ein waffenstarrendes, imponierendes Fahrzeug, voller technischer und nautischer Wunder, voll strotzender Kraft. Auch den Seemann erfüllt es mit Stolz, zu einem solchen, seinem Schiff zu gehören, dessen Mützenband er trägt. Insgeheim liebt er sein Schiff trotz der primitiven Wohn- und Lebensverhältnisse auf dem schwimmenden Eisenkäfig. Nicht zufällig betrachtet er es als ein weibliches

---

[6]) Antinautikus, nach Brüninghaus, a.a.O., S. 58

Wesen; die *Friedrich der Große,* die *Prinz Luitpold,* die *Bismarck.* Aber auf lange Sicht hat er kein Verständnis dafür, wenn sein Schiff nicht seinem Zweck entsprechend verwendet und eingesetzt wird und statt dessen an der Pier verrostet.
So ist es nicht verwunderlich, daß der Träger einer modernen Waffe resigniert und aufbegehrt, wenn ihm die Gelegenheit versagt bleibt, sich neben seinen anderen im Kampf stehenden Waffengefährten zu bewähren.
Das mag ein wenig nach theatralischem Militarismus klingen. Im Grunde wird man bei Sachkenntnis und verhaltenem Urteil zustimmen müssen, daß die fortdauernde Untätigkeit geschlossener militärischer Einheiten in einem Kriege psychologisch auf die Betroffenen einwirkt und Voraussetzungen für eine negative Grundhaltung und für ein unbotmäßiges Verhalten schafft. Nichts fördert den Ungeist einer Truppe mehr als ihre aufgezwungene ununterbrochene Zurückhaltung aus dem allgemeinen Kampfgeschehen, welche Gründe auch immer für eine Schonung sprechen. Nirgends ist das Feld für eine politische Agitation von außen günstiger vorbereitet als in einer zur Untätigkeit verurteilten Waffengattung. Das gilt vornehmlich für eine vorzüglich ausgerüstete Kampfeinheit, die monatelang in der Heimat zurückgehalten wird und deren Soldaten keine Einsicht in diese Notwendigkeit haben und den Zustand als Zurücksetzung empfinden. Um so mehr trifft dies für die Lieblingswaffe des deutschen Volkes zu — die „Paradeflotte Seiner Majestät", wie sie boshaft im Laufe des Krieges geheißen wurde.
Zumindest hätte die Flottenleitung, so könnte rückschauend geurteilt werden, ernsthaft dafür sorgen müssen, daß der Dienst in den Hochseegeschwadern mehr und mehr von den Gegebenheiten hätte geprägt sein müssen, um die Besatzungen „bei der Stange zu halten". Alles das, was man später unter Truppenbetreuung zusammenfaßte, wäre dafür ein geeignetes Instrument gewesen, abgesehen von den übrigen in Erscheinung getretenen negativen Faktoren. Sportliche Wettkämpfe unter Beteiligung aller Dienstgrade, wie es in jener Zeit bei der englischen Flotte üblich war und gepflegt wurde; ausgewählte Bibliotheken, berufsbezogene Schulung, Bildungskurse und ähnliche Maßnahmen hätten ohne Frage die allgemein verbreitete

Unzufriedenheit bei den Mannschaften mildern, jedoch nicht ohne Beachtung der anderen Ursachen beseitigen können.
Es muß in diesem Zusammenhang hervorgehoben werden, daß die Leitung der Kriegsmarine im Zweiten Weltkrieg in gebührender Weise auf diese Erfordernisse Rücksicht genommen hat, obwohl die größeren Einheiten ständig im Fronteinsatz gewesen sind. Der allgemeinen Erkenntnis über die Werte des Sports wurde in der Kriegsmarine Rechnung getragen; die Einstellungsbedingungen rückten die sportliche Qualifikation des einzelnen in den Mittelpunkt. War es schließlich ein Zufall, daß die Besatzungen der Kriegs- und Handelsmarine noch nach dem totalen politischen und militärischen Zusammenbruch bedenkenlos ihr Leben für die Rettung tausender deutscher Flüchtlinge aus den bedrohten Ostprovinzen eingesetzt haben?[7])

Verpflegung

In der Bewertung der Gründe für die Marinemeuterei im Sommer 1917 werden die Verpflegungsverhältnisse an Bord von seiten der Mannschaftsdienstgrade als eine der Hauptursachen angesehen, während höhere Dienstgrade der Flotte die vorgebrachten schlechten Verpflegungszustände leugnen oder einzelne Vorkommnisse zugeben, von denen aber nicht auf die allgemeinen Verhältnisse geschlossen werden könne. Bordfremde Autoren stützen sich zumeist auf Berichte beteiligter Personen und beziehen so als Partei ihren Standpunkt. Bei der Analyse der Aussagen fällt auf, daß ausnahmslos alle Berichte von den Matrosen und Heizern der Hochseeflotte die Klagen über die schlechte Verpflegung auf den Linienschiffen in den Vordergrund stellen.
So unterstreicht der vom Reichstag bestellte Sachverständige,

---

[7]) vergl. Abschnitt „Kriegsmarine“

der frühere Matrose Richard Stumpf, dessen Bericht sich auf sein im Kriege geführtes Tagebuch stützt und wiederholt bei anderen Autoren als prägnante Materialunterlage gilt, die mangelhaften Verpflegungsverhältnisse der Mannschaften; er spricht u. a. von knappem Essen und von dem Versäumnis, Einheitsessen an Bord der Kriegsschiffe einzuführen. An einer Stelle führt er wörtlich aus[8]): „Der zweite Haupt- und Kardinalgrund (neben der Untätigkeit) der Unzufriedenheit war also die Verpflegung. Um diese zu schüren und zu nähren, bedurfte es keiner Agitation von außen.“ Er zitiert dabei eine Eintragung aus seinem Tagebuch: „Ich habe oft gehungert.“

Selbst in dem Urteil gegen die Rädelsführer der Meuterei vom 3. 9. 1917 heißt es in der Begründung ausdrücklich[9]):

„Bereits zu Beginn des Jahres 1917 machte sich in der Flotte, wohl infolge der russischen Revolution, eine Bewegung geltend, die aus vorhandenen oder vermuteten Mißständen genährt wurde. Ein Teil der Mannschaft glaubte Kritik an der Verschiedenheit des Essens für Offiziere und Mannschaften üben zu müssen.“

Dagegen führt Brüninghaus als Vertreter der Admirale in seiner Eigenschaft als Mitglied des Reichstages und des Parlamentarischen Untersuchungsausschusses aus[10]):

„Allgemein zusammengefaßt ergibt sich für mich folgendes Bild: Die Behauptung, Einzelfälle auf einzelnen wenigen Schiffen, die sich auf mangelhafte Verpflegung, angeblich schlechte Behandlung durch Offiziere und dergleichen beziehen, sind nicht der Grund zu den Marinemeutereien gewesen. Die trotz allen Bemühens der Vorgesetzten *hier und da auftauchenden Schwierigkeiten in der Verpflegung*, vielleicht auch in einzelnen Fällen vorgekommene Fehler in der Behandlung der Mannschaften, wie zum Beispiel bei der Urlaubserteilung, sind von den Schürern der Bewegung in geradezu raffinierter Weise ausgenutzt worden, um innerhalb der Schiffsbesatzungen eine rein politische Bewegung zu schaffen, deren Endziel die Erzwingung des Friedens, nötigenfalls mit Gewalt und, um den Ausdruck eines

---

[8]) Richard Stumpf, a.a.O., S. 47

[9]) siehe Dokumente im Anhang

[10]) Brüninghaus, vergl. Personen-Register

der Hauptbeschuldigten zu gebrauchen, nach russischem Muster war."

Nun mag man zu der Stichhaltigkeit und Glaubwürdigkeit der einzelnen Aussagen stehen wie man will — sicherlich sind die Darstellungen jeweils von eigenen Standpunkten bezogen und deshalb nicht minder aufschlußreich —, das Gewicht der von den unmittelbar Betroffenen geäußerten Schilderungen ist in diesem Punkt fraglos größer als von jenen, die sich nur mittelbar oder gar bordfremd auf die Geschehnisse beziehen. Es bedarf daher einer Klärung der Zusammenhänge, die den tatsächlichen Umständen annähernd gerecht werden.

Dabei müssen zunächst die allgemeinen Ernährungsverhältnisse im dritten bzw. vierten Kriegsjahre in Betracht gezogen werden. Vorausgegangen war der berüchtigte Kohlrübenwinter 1916/17. Durch die langen Kriegsjahre war die Versorgung der Bevölkerung mit Lebensmitteln unzureichender geworden. Vor allem hatte die großstädtische Bevölkerung in den industriellen Ballungsgebieten unter dieser Lage zu leiden. Im Vergleich zu den rationierten Lebensmittelzuteilungen der Heimat war der Verpflegungssatz auf den Kriegsschiffen höher bemessen.

Trotz dieser grundsätzlichen Feststellung müssen die spezifischen Eigenarten und letztlich die mannigfachen Schwierigkeiten auf den Großkampfschiffen der Hochseeflotte berücksichtigt werden. Wer je Gelegenheit gehabt hat, einer Backschaft einer größeren Schiffsbesatzung anzugehören, und sei es nur für eine bestimmte Zeitspanne, der wird bestätigen können, welche Ansätze für Unzufriedenheit und Mißstimmungen in einer unzureichenden Verpflegung sowie in einer mangelhaften Qualität des Essens begründet sein können. Zu allen Zeiten ist in der Seefahrt über Salzfleisch, Speck und Maden auf großer Fahrt geklagt und gesungen worden. Aber hier handelte es sich um „schwimmende Kasernen" im Heimathafen, mit durchschnittlich 1000 bis 1400 Mann Besatzung. Da war es nicht einfach für den Koch, mit den zur Verfügung stehenden Zutaten ständig und stetig eine schmackhafte, bekömmliche und ausreichende Mahlzeit zu zaubern, zumal unter den Verhältnissen zur Zeit der Kohlenfeuerung. In jeder Backschaft wird es immer wieder zu Mißfallenskundgebungen über die von zu Hause aus ungewohnte Kost unter der aus allen Gauen des Reiches zusammengewürfelten Mannschaft — Bayern, Sachsen, Ostfriesen usw. — gekommen sein. Und in jeder Gruppe wird, wie auch später, jener Typ des Miesmachers zu finden gewesen sein, von dem es hieß, er stelle die höchsten Ansprüche, weil er daheim im Kohlenkasten schlafe. Die für die Masse zusammengekochten Mahlzeiten, unter ständiger Wiederholung von Dörrgemüse und nicht zuletzt unter zwangsläufiger Verschlechterung der Menge und Qualität des Essens infolge der Kriegsverhältnisse, bilden fürwahr die Quelle der Unzufriedenheit in einem zur Untätigkeit und Langeweile verurteilten Matrosenhaufen. Auf See, draußen im Kampf, trat das Murren über das schlechte Essen nicht zutage, weil jedermann im Fieber der Unternehmung angespannt war.

Aber nicht die vermutlich unvermeidlich zuweilen mangelhafte und oft unzureichende Bordverpflegung war der eigentliche Unruheherd unter den jungen Matrosen und Heizern — schließlich konnten die Mahlzeiten im Gegensatz zur Landfront regelmäßig eingenommen werden —, sondern die unterschiedliche Einrichtung der Verpflegungsräume auf einem Schiff: Hier die nüchterne Kasematte mit der Massenspeisung aus großen Metallgeschirren, dort die gepflegte Messe der wenigen Offiziere. Hier Mannschaftskombüse, dort Offiziersküche.

Selbstverständlich zeichnete das Offiziersessen — unterstellt man im großen und ganzen annähernd gleiche Verpflegungssätze — die bessere Zubereitung, Aufmachung und die Art des Servierens aus. Die Klagen der festgenommenen Besatzungsmitglieder während der Sommerunruhen im Jahre 1917 beziehen sich neben der schlechten Zubereitung und der wiederholten Ungenießbarkeit der Verpflegung vor allem auf die äußere und qualitative Benachteiligung gegenüber den Offizieren. Auffälligerweise scheinen auch die Verpflegungsverhältnisse innerhalb eines Geschwaders der Hochseeflotte spürbar voneinander abgewichen zu sein; das mag an der Qualifikation der Köche oder aber auch an dem für die Bordverpflegung verantwortlichen Offizier gelegen haben.

Während auf den kleineren Einheiten für Offizier und Mann im wesentlichen die gleiche Verpflegung gereicht wurde und dem Essen nicht die offensichtlichen Nachteile der Massenzubereitung anhafteten, bestanden auf den Linienschiffen gesonderte Verpflegungsgemeinschaften der Offiziere, Deckoffiziere und Mannschaften. Gerade diese Dreiteilung ist in späteren Auseinandersetzungen mit den Vorgängen in der Hochseeflotte entsprechend kritisch gewürdigt worden, und es ist nicht verwunderlich, daß diese „provokatorische“ Einrichtung im Rahmen der Aspekte des Klassenkampfes herausgehoben worden ist. Sie reicht aber nicht als erschöpfende Erklärung, ohne Berücksichtigung der anderen schwerer wiegenden Gründe, aus. Mangelhafte und nach Dienstgraden unterschiedlich bemessene Verpflegung kann zwar auf die Stimmung an Bord negativ einwirken, ist aber als isolierter und ausschließlicher Faktor ungeeignet, die Disziplin völlig über den Haufen zu werfen. Doch kann sie maßgeblich dazu beitragen, den Mißmut über vermeintliche oder begründete Unzulänglichkeit zu stärken. In unseren Tagen äußerte sich ein Kapitän der Christlichen Seefahrt zu dieser grundlegenden Frage in einer Verbandszeitschrift[11]): „Vielen, sehr vielen Menschen bleibt es unverständlich, daß trotz dem guten Essen an Bord immer wieder Klagen vorkommen. Der Koch mag noch so gut sein: Wer geht schon an Land zwölf Monate zu demselben Mittagstisch? Daß der Magen auf das psychologische Wohlbefinden sehr erheblichen Einfluß hat, ist bekannt.“

Er schlägt bezeichnenderweise als Lösung vor: „Termin-Ablösung der Köche nach einem von der Reederei aufgestellten Plan, etwa alle sechs Monate mit anderthalb bis zwei Monaten Urlaub bis zum nächsten Schiff.“

Wenn jedoch alle Berichte und Verlautbarungen der Beteiligten, die zudem überwiegend im zeitlichen Abstand zu den Ereignissen verfaßt sind, als Einzeldarstellungen gebündelt, und nur auf die Verpflegungsverhältnisse bezogen, ausgewertet werden, so kann etwa ein Bild entstehen, wie es hier vorliegt und wegen der offenbar beabsichtigten psychologischen Wirkung nicht vorenthalten werden soll[12]):

---

[11]) Bernhard, Hans Joachim: Die Entstehung einer revolutionären Friedensbewegung in der deutschen Hochseeflotte im Jahre 1917, in: Revolutionäre Ereignisse und Probleme in Deutschland während der Periode der Großen Sozialistischen Oktoberrevolution 1917/1918, Berlin (O), 1957, S. 98—100

[12]) Kapitän F. K.: Klagen über das Essen, in: ÖTV-Bericht Nr. 2/69

„Der Rückfall in die Kriegsbegeisterung von 1914 hielt nicht lange an. Die Verhältnisse an Bord erinnerten die Mannschaften hartnäckig an ihre wirkliche Lage und an ihre Aufgaben. Der Kohlrübenwinter 1916/1917 brachte schlagartig eine katastrophale Verschlechterung der Ernährung mit sich, natürlich vor allem für die Mannschaften. Dieser Umstand dauerte bis zum Sommer und wurde erst unter dem Druck der Mannschaftsbewegung geändert. Der immer deutlicher spürbare Hunger, die sich mehrenden Schikanen der Vorgesetzten im Dienst und die immer stärker auftretende Arroganz der Offiziere bildeten in diesen Wochen die Hauptgesprächsthemen der Mannschaften. So wurde von *Friedrich der Große* berichtet, daß die Mannschaft wenig Brot und dafür Steckrüben erhielt, während in der Messe „immer noch weitergelebt wurde wie im tiefen Frieden". Die voll belegten Speiseplatten für die Messe wurden durch Wohndecks der Mannschaften getragen. Dabei versuchten diese natürlich auf ihre Kosten zu kommen, zumal der nicht unbegründete Verdacht auftauchte, „daß diese gute Verpflegung in den Offiziersmessen nicht ganz ohne Schröpfung der Mannschaftsverpflegung vor sich gehen konnte". Trotz der schlechten Ernährungslage mußten die Mannschaften unvermindert ihren schweren Dienst verrichten. Gewichtsabnahmen von fünf bis zehn Pfund als Folge körperlicher Überanstrengung waren keine Seltenheit. Die ärztlichen Wiegekontrollen wurden eingestellt. Auf *Helgoland* gab es ähnliche Erscheinungen. Die Mannschaften empörten sich über das Benehmen der Offiziere, besonders der jungen, gegenüber den altgedienten Mannschaften.
Auf dem kleinen Kreuzer *Nürnberg* gab es für die Messe drei Küchen, für die Mannschaft jedoch nur eine einzige. Anläßlich der Abnahme im Februar 1917 gab es ein Festessen für die Offiziere und Gäste. Zur gleichen Zeit fanden in Kiel Unruhen statt, in denen sich die arbeitende Bevölkerung gegen die unzureichenden Brotlieferungen zur Wehr setzte. Die Mannschaft selbst forderte eine Erhöhung der Brotration. Sie wurde vom I. Offizier unverschämt abgefertigt: „Heute haben verschiedene Leute um mehr Brot gebeten. Das gibt es nicht, da müssen sie eben hungern. Sollte einer von ihnen dabei eingehen, so bin ich gern bereit, ihn mit allen Kriegsehren beerdigen zu lassen."

Auf *Posen* gab es anfangs einmal wöchentlich „Drahtverhau" aus vertrockneten Steckrüben, getrocknetem Winterkohl, einigen Fasern Büchsenfleisch. Oft war das Essen so ungenießbar, daß die Mannschaften es trotz großen Hungers nicht aßen. Beschwerden nützten nichts. Später gab es sogar zweimal und dreimal „Drahtverhau" in einer Woche. Auch hier wird von beträchtlichen Gewichtsabnahmen bei den Mannschaften berichtet.

Auf *Prinzregent Luitpold* verschlechterte sich die Stimmung ebenfalls sehr. Es wurde sehr über die Verpflegung und Behandlung geschimpft, ja „die Faust in der Tasche geballt, aber nichts unternommen". Manche Mannschaften nahmen sich „die schlechte Behandlung sehr zu Herzen" und waren gewillt, sich bei Gelegenheit dagegen zu wehren.

Auf *Rheinland* wurden die Mannschaften durch ungenießbares Essen und menschenunwürdige Behandlung sehr verbittert.

Die einzelnen Beispiele von schlechter Verpflegung, ungerechter Behandlung und Mißachtung verbreiteten sich schnell über das ganze Schiff. Noch hielten sich die Mannschaften bei der Abwehr dieser Dinge an die legalen Mittel und traten am Schluß des Appells bei „Meldungen und Gesuche" vor. Sie ernteten jedoch meist nur blutigen Hohn von seiten der Offiziere."

Den Kern der Sache, und damit wird die Frage der Verpflegung als Ursache für die Meuterei wieder in die rechte Rangordnung gerückt, trifft einer der Haupträdelsführer der Gehorsamsverweigerung der Mannschaften des III. Geschwaders, der Heizer Willi Sachse von *SMS Friedrich der Große* in seiner Vernehmung am 17. und 20. November 1917[13]):

„Kürzung der Brotrationen, Verschlechterung der Urlaubsbedingungen, alles das trug mit dazu bei, die Bewegung zu fördern. Ja, wir sagen, gerade letzteres war die Ursache unseres großen Aufschwunges, den wir in rein ideologischer Kampagne mit den geringen illegalen Mitteln, die uns zur Verfügung standen, zweifellos nie erreicht hätten. Die Bewegung schwoll unheimlich an, und bald zeigten die ersten kleinen Ausbrüche des Kampfgeistes auf den einzelnen Schiffen die politische Erstarkung dieser Bewegung an."

---

[13]) nach Brüninghaus, a.a.O., S. 58

Hier wird ein günstiger Nährboden für die Ausnutzung einer Mißstimmung vorgefunden, die auch, aber nicht allein, auf die Verpflegungsverhältnisse zurückzuführen ist.
Es ist nicht zu übersehen, daß das Maß der im Laufe der Kriegsjahre verschlechterten Verpflegungsverhältnisse an Bord institutionell nachzuweisen ist. Bis etwa zum Frühjahr 1917 war es in der Kaiserlichen Marine guter Brauch, die Verantwortung für die Schiffsverpflegung gemeinsam dem Kommandanten, dem Ersten Offizier und dem Schiffsarzt zu geben, die die Verpflegungskommission bildeten. Die tägliche Essenprobe war selbstverständlich später sicherlich hier und dort zu einer Farce geworden. Denn in den letzten Wochen vor der Meuterei war es den Mannschaften gelungen, den widerstrebenden Seeoffizieren die *Menageausschüsse* abzuringen. In dieser internen Auseinandersetzung mußten sich das Reichsmarineamt und der Haushaltsausschuß des Reichstages einschalten. Schließlich galt die erste Form der Mitbestimmung an Bord der Kriegsfahrzeuge für allgemein obligatorisch. Daß dieses Instrument der Matrosen und Heizer mit zunehmendem Erfolg in eine allgegemeine Beschwerdekommission umgewandelt werden konnte, war das Verdienst ihrer aktivsten Kameraden. Sie selbst rekrutierten sich nicht zufällig aus den Agitatoren und klassenkämpferischen Genossen oder — je nach Standpunkt — aus den ewigen Unruhestiftern.
Stimmungsverlust durch Untätigkeit und schlechte Verpflegung waren wohl nicht entscheidend für die folgenden Ereignisse, aber bedeutsam genug, um das von allen Seiten drohende Unheil mit vorbereiten zu helfen. Untätigkeit und mangelnde Verpflegungsverhältnisse erklären vieles, aber nicht alles.

Beispiel der Verpflegungssätze in der Flotte und in der Heimat[14]):

Es empfingen in der Woche vom 6. — 12. August 1916

SMS Markgraf

Fleisch (frisch und verarbeitet), Speck	1170 g
Brot, Mühlenprodukte und Reis	4270 g
Butter und Fett	150 g
Käse	70 g
Kartoffeln, frisch	1500 g
Kartoffeln, gedörrt	135 g
Erbsen	300 g
Dörrgemüse	80 g
Frischer Weißkohl	1000 g
Sauerkohl	250 g
Dörrobst	200 g
Zucker	310 g
Marmelade und Kunsthonig	575 g

außerdem war noch unter besonderen Verhältnissen eine Dampfzulage von —,15 Pf pro Kopf des im Maschinendienst beschäftigten Personals, pro 4stündige Wache fällig, die als Sonderverpflegung verausgabt wurde.

Stadt Dresden

Fleisch mit Knochen	125 g
Brot, Mühlenprodukte	2999,5 g
Butter und Fett	62,5 g
Käse	16 g
Kartoffeln	1500 g
Erbsen	37 g
Bohnenkonserven	62,5 g
Kohlrüben	25 g
Zucker	187 g
Sirup und Kunsthonig	112,5 g

---

14) Die Ursachen des Deutschen Zusammenbruchs, S. 13

Politische Einflüsse von außen

Es bedarf keiner Erläuterung, warum die Marinesoldaten durch den stetigen Standortwechsel der Kriegsschiffe im In- und Ausland aufgeschlossen gegenüber allen politischen Ereignissen und Einflüssen sind, im positiven wie im negativen. Es wird zutreffen, daß sie als Masse deshalb auch schwieriger zu leiten sind als eine unbedingt eingeschworene Landeinheit in einer Garnison. Ihre kritische Grundeinstellung steht in Verbindung mit den wechselnden Eindrücken, die sie über die Mastspitze hinaus ständig gewinnen.

Ihm, dem länger dienenden Matrosen, ist so leicht nichts vorzumachen. Die Matrosen und noch mehr die Heizer auf den Dickschiffen der Kaiserlichen Marine waren als eigener Typ geprägt, den eine hellwache Kritik, gepaart mit der herausgeforderten Neigung zur Aufsässigkeit auszeichnete. Darum mußten alle Maßnahmen, dieses murrende Schiffsvolk bei der Stange zu halten, scheitern, wenn die verantwortlichen Schiffsführer wenig Einfühlungsvermögen mangels persönlicher Kontakte besaßen und nur darauf bedacht waren, die Leute der Betätigung wegen zu beschäftigen. Eintöniger, als sinnlos aufgefaßter Formalexerzierdienst, Griffekloppen bis zum Umfallen, vaterländischer Unterricht („von 4 bis 5 Uhr Vaterlandsliebe, wie befohlen") u. a. waren geeignet, den letzten Rest von Stimmung und Geist der im Kriege nicht eingesetzten Soldaten zu töten. Vermutlich haben die Offiziere die Urteilsfähigkeit und die psychologische Verfassung der äußerlich stumpf erscheinenden Masse der Matrosen und Heizer gründlich unterschätzt.

Tatsächlich aber wurde in allen verborgenen Winkeln des riesigen Schiffsleibes ausführlich debattiert, diskutiert und räsoniert, in der ihrer Eigenart und Bildung entsprechenden Weise, unter Leitung ihrer aktiven Wortführer. Die Gelegenheit wurde zu jeder Stunde während der langen Werftliegezeiten, an der Pier, in den Stammkneipen genutzt; unter seinesgleichen, mit den Werftarbeitern, mit der Bevölkerung der Hafenstädte.

Ganz sicher wurden die in dem Kriegsjahr 1917 zutage tretenden Verhältnisse in der Heimat, die Bewegungen an der Landfront und die politischen Tagesereignisse gebührend registriert und durch Zeitungen unterschiedlicher Richtungen vermittelt. Welche Rolle in der Flotte die ewigen Gerüchte aufgrund halbverdauter Nachrichten bzw. bösartiger Erfindungen spielten, ist erklärlich, wenn man berücksichtigt, in welcher Verfassung ein ständig herumlungerndes Kriegsvolk sein kann.

Vor allem drei Vorgänge waren es, die für längere Zeit Gesprächs- und Zündstoff lieferten: die russische Februar-Revolution, die Friedensresolution des Deutschen Reichstages vom 19. Juli 1917 und die geplante Stockholmer Friedenskonferenz, an der sich die Sozialisten der Mittelmächte, Rußlands und der neutralen Staaten beteiligen sollten. Die Wirkung dieser Nachrichten auf junge, politisch zwar unreife aber aufgeweckte Matrosen war nicht zu leugnen.

Noch geht es ihnen um Verpflegung, Urlaub und Dienst. Und doch glimmt die Lunte, zaghaft und unbemerkt. Als das Pulverfaß dann explodierte, witterte man eine große, gut organisierte und angeführte Verschwörung „bolschewistischen Ursprungs", gelenkt und wirksam unterstützt von einer Parteizentrale. Wie sah es damit wirklich aus?

Mühelos lassen sich anhand der umfangreichen Literatur Verbindungen der anführenden Mannschaftsmitglieder der Hochseeflotte mit der seiner Zeit radikalsten Partei, der Unabhängigen Sozialdemokratischen Partei Deutschlands (USPD), der sich im April 1917 von der SPD abgespaltenen linken Gruppe (Gründung der USPD auf dem Parteitag in Gotha), nachzeichnen. Ehe wir den Vorkommnissen in der Hochseeflotte, die die Gehorsamsverweigerungen und Meutereien ausgelöst haben, nähertreten, lassen wir die Aussagen der festgenommenen Hauptbeteiligten zu dieser Frage sprechen, denen zwar zuweilen wegen des Aussagecharakters von Schutzbehauptungen mit einer gewissen Reserve begegnet werden muß, die aber einen prägnanten Querschnitt geben (in Auszügen)[15]:

Reichpietsch bestätigt Kontakt zu der USPD-Zentrale (Dittmann, Frau Zietz); er hatte Kenntnis von den Stockholmer Beschlüssen, den Gehorsam zu verweigern und zu streiken. „In

---

[15]) Die Ursachen des Deutschen Zusammenbruchs im Jahre 1918, S. 299—315; siehe auch Personenregister

welcher Weise das aber gemacht werden sollte, darüber waren wir uns im einzelnen noch nicht schlüssig, wir warteten die Anweisungen der Partei ab, die nach unserer Ansicht bestimmt erteilt werden mußten. Wir sollten dafür sorgen, daß die Bewegung sich auf den Schiffen ausbreitet."

Beckers: „Der Zweck sollte sein, die Erzwingung des Friedens durch gewaltsame Durchführung des Programms der USPD; das ist nicht so zu verstehen, als ob Schiffsbeschädigungen oder dergleichen geplant wären. In Aussicht genommen war nur, auf den Wink der Partei in den Generalstreik auf der Flotte einzutreten ..."

Köbis bereitete Mitgliederlisten vor, die über USPD-Abgeordnete nach Stockholm gelangen sollten. „Die Abgeordneten sollten dann zurückkommen und eine Resolution im Reichstag einbringen, in der die Regierung aufgefordert würde, sofort in Friedensverhandlungen einzutreten. Würde die Regierung sich auch dann nicht darauf einlassen, so sollte der Generalstreik proklamiert werden, und an diesem solle sich auch die Marine beteiligen."

Reuter: „Sie (USPD) wollten einen annexionslosen Frieden auf jeden Fall, und zwar sofort, und wenn die Regierung das nicht bewilligt, dann werden wir verteilt, ein jeder auf seinem Posten, und sobald die Sache klar ist, dann geht es los. Wie die Sache losgehen soll, das wissen wir selbst noch nicht."

Liegl gibt lose Verbindungen zu Vertretern der USPD zu.

Hiller: „... wir hätten nur mitzumachen, wenn mal etwas los wäre." Flugblätter sollten Anweisungen geben.

Schlegel: Das Ziel der USPD sei der Generalstreik gewesen.

Dahn: Reichpietsch habe erzählt, die Abgeordneten würden sie unterstützen, von ihnen sei aber zur Vorsicht gemahnt worden.

Schmidt: „Nach Mitteilung des Reichpietsch waren die Abgeordneten „sprachlos", daß solche „Zusammenrottungen" politischer Art an Bord von SM-Schiffen überhaupt möglich seien."

Andere Beschuldigte bestätigen in ihrer Vernehmung, Gespräche mit Reichpietsch über seine Verbindungen zur USPD-Zentrale geführt zu haben.

Die entsprechende Darstellung des Reichstagsabgeordneten Dittmann, des Kontaktmannes in der USPD-Zentrale in Berlin, ist nicht minder aufschlußreich[16]):
„Wir USPD-Leute haben uns oft im Kriege und später gegen die sogenannte „revolutionäre Gymnastik“ gewendet, die Menschen in Gefahr verstrickt, von denen sie keine Ahnung haben. Dabei habe ich persönlich stets die These vertreten, daß ich kein Recht habe, das Leben eines anderen auf das Spiel zu setzen, wenn ich nicht gleichzeitig mein eigenes Leben riskiere.
Ich habe mich auch gegen alles gewendet, was nach Putsch- und Komitatschitaktik aussehen könnte. Das ist aus zahlreichen Berichten und Protokollen von Versammlungen, Konferenzen und Kongressen festzustellen.
Aus der Geschichte wußten wir führenden Leute der USPD, daß Emeuten, und wenn sie auch noch so berechtigte Empörungsausbrüche waren, die Sache der Unterdrückten geschädigt haben, weil sie den Machthabern den Vorwand zu blutiger Unterdrückung lieferten. Darum suchten wir während des Krieges die berechtigte Empörung der Massen in die Bahn des legalen politischen Kampfes gegen die alldeutsche Militärdiktatur zu lenken, die Regierung und Kriegsführung beherrschte ...“
Dittmann legt dar, wäre die USPD anderer Auffassung gewesen, dann hätte man sich der eigenen, langjährig bewährten Parteigenossen, die zur Marine eingezogen wurden, bedient, statt die bisher unbekannten Matrosen einzusetzen, die zudem nicht mit den politischen, ideologischen und taktischen Grundsätzen der Partei vertraut waren.
„Wir USPD-Leute“ — so fährt Dittmann fort — „haben im übrigen in der Parade-Hochseeflotte des Herrn von Tirpitz überhaupt kein taugliches Kriegsmittel gesehen ...“
Ähnliches hatte D. am 9. Oktober 1917 vor dem Reichstag erklärt: „Ich sah also in der Hochseeflotte überhaupt kein taugliches Kriegsmittel, schon deshalb konnte es mir gar nicht einfallen, es zu sabotieren, um den Krieg zu beenden. Das wäre ja ein untauglicher Versuch an einem untauglichen Objekt gewesen.“
„Der Kampf der USPD war ein politischer Kampf und hatte

---

[16]) Dittmann, a.a.O., S. 37 ff

mit militärischer Sabotage nichts gemein, weder mit Deserteurpropaganda noch mit Meutereien von Heeres- und Marineangehörigen."

Merkmale einer revolutionären, straff organisierten Massenbewegung sind an diesen Äußerungen nicht erkennbar. Vielmehr wächst der Eindruck von einem Häuflein unerfahrener Heißsporne, ohne Kenntnis der revolutionären Taktik und ohne Vermögen, die gegebene Situation real einzuschätzen, in sich in losem Zusammenhang, sich stützend auf die Zahl schwankender, unzufriedener Mitläufer, Anschluß und Rückendeckung suchend bei einer politischen Partei, von deren Ziele sie nur eine nebelhafte Vorstellung haben. „Baldigster Friedensschluß ohne Annexionen und Kontributionen!" Selbst Reichpietsch und Köbis, die als erkannte Rädelsführer der Meuterei zum Tode verurteilt wurden, sind in ihrem naiven Aufbegehren in der Rolle des Rebellen verstrickt und wegen der nicht verarbeiteten politischen Parolen außerstande, die Gefährlichkeit ihres Abenteuers zu erkennen.

„Was damals in der Marine an äußeren Einflüssen vorhanden war, fällt unter den Begriff des Kleinen, für eine große politische Bewegung Unzureichenden[17])."

Nur ein kleiner Kreis von Leuten innerhalb des militärischen Bereiches war politisch aktiv im Rahmen der vorhandenen Möglichkeiten. Unter ihnen wurde der persönliche Verkehr von Schiff zu Schiff gepflegt. Einige von ihnen suchten den Kontakt zu einer Partei, um ihre Sorgen vorzutragen, um sich Ratschläge zu holen, und sie mußten dabei ernsthafte Warnungen von den Berufsfunktionären der Zentrale vor dem gefährlichen, aussichtslosen Treiben entgegennehmen. Dieser kleinen Gruppe fehlte der überragende, besonnene Anführer. Was da im Frühsommer 1917 im dunkeln vor sich ging, hat wenig mit einer planmäßigen Vorbereitung und Einleitung einer Flottenverschwörung gemein. Wohl gab es zu dieser Zeit Zusammenkünfte an Land, wechselseitige Bordbesuche, Absprachen in den Menagekommissionen, Sammeln von Mitgliederlisten, Broschü-

---

[17]) Gutachten des Sondersachverständigen Alboldt: Die Ursachen des Zusammenbruchs der Marine, in: Die Ursachen des Deutschen Zusammenbruchs, S. 133

ren und Flugblätter mit Friedensparolen; es existierte aber keine eigentliche Organisation in der Hochseeflotte.

„Es war im ersten Stadium eine Bewegung gegen die willkürliche Verschlechterung der Lebenslage an Bord[18]).“ Das zweite Stadium war gekennzeichnet durch Maßnahmen einzelner aktiver Besatzungsangehöriger — Mitgliederwerbung an Bord für eine Partei, die den Frieden auf ihre Fahne geschrieben hatte, Verbindungen mit der Parteizentrale und ihrem Stützpunkt in Kiel, Korrespondenz über Deckadressen usf. „Bis zu Ende Juni oder Anfang Juli 1917 bestand eine eigentliche Organisation mit flottenfeindlichen Zielen nicht. Lediglich auf *Friedrich der Große* hatten sich einige Gesinnungsgenossen zusammengefunden, denen aber nur an der Beseitigung von Mißständen innerhalb des Schiffes lag. Die Organisation nach außen mit dem letzten Ziel des Flottenstreiks kam erst in Fluß, als der Matrose Reichpietsch von Urlaub nach Berlin zurückkam und von da aus vom Abgeordneten Dittmann die Sammellisten zum Beitritt in die USPD mitbrachte[19]).“

Zweifel an der für die gesamte Hochseeflotte relativ geringen Ausdehnung und Bedeutung einer politischen Organisation und Zweifel an den Absichten ihrer parteigebundenen Wortführer, wie sie vielfach von einigen Stabsoffizieren der Marine geäußert worden sind, werden ausgeräumt durch jene Seite, die heute die Rädelsführer der Meuterei von 1917 in der Öffentlichkeit glorifiziert. Das Institut für Geschichte an der Deutschen Akademie der Wissenschaften zu Berlin (O) läßt in dem Band 6, „Revolutionäre Ereignisse und Probleme in Deutschland während der Periode der Großen Sozialistischen Oktoberrevolution 1917/1918“ feststellen[20]):

„Die Skagerrak-Schlacht stoppte diese Entwicklung. Enttäuscht mußten die revolutionären Heizer feststellen, daß die Skagerrak-Schlacht bei den Mannschaften einen gewaltigen Stimmungsumschwung hervorrief.

Dieser Rückschlag erklärt sich daraus, daß die sozialistischen

---

[18]) Sachse, Neue Zeitung vom 3. 2. 1926, nach Brüninghaus, a.a.O., S. 35

[19]) Sachse, nach Brüninghaus, a.a.O.

[20]) Bernhard, Hans-Joachim: Revolutionäre Friedensbewegung in der deutschen Hochseeflotte 1917, S. 98

Gruppen in diesem Stadium der Mannschaftsbewegung noch nicht festgefügt und noch nicht tief in der Mannschaft verankert waren. Die Aufklärung wurde nicht organisiert und zielstrebig genug durchgeführt. Die klassenbewußten Mannschaften waren sich selbst noch nicht klar über das genaue Ziel des Kampfes, über seine Formen und Methoden. Sie hatten kaum Vorbilder für ihre Tätigkeit und hatten daher viel aus sich heraus schaffen müssen. Diese Schwächen hängen mit dem Grundmangel der revolutionären Bewegung in Deutschland zusammen und ergaben sich aus ihm: Dem Fehlen einer revolutionären marxistischen Partei."

Wo es um die Impulse und Anleitungen durch die USPD nach dem Besuch eines der aufbegehrenden Matrosen in der Berliner Zentrale geht, heißt es in der gleichen Darstellung[21]):

„Dreierlei geht m. E. aus diesen Ausführungen Dittmanns hervor:

1. Die Führung der USPD war am Eintritt von Soldaten in die USPD nicht interessiert.
2. Die Notwendigkeit und die Möglichkeit, eigene Mannschaftsparteigruppen zu bilden, wurde übergangen. Die Mannschaften wurden entsprechend der sozialdemokratischen Wahlvereinsideologie den bestehenden Ortsgruppen als Einzelmitglieder zugewiesen.
3. Die Führung der USPD wollte mit einer Mannschaftsbewegung direkt nichts zu tun haben und schob die Verantwortung den Ortsgruppen, d. h. den einfachen Funktionären und Arbeitern, zu.

Im Grunde genommen hatte Dittmann Reichpietsch abgewiesen und die so entscheidende Frage der Organisierung einer revolutionären Mannschaftsbewegung ablehnend beantwortet."

In den populären Geschichtswerken der DDR wird bezeichnenderweise dem Abschnitt der revolutionären Matrosenbewegung im Jahre 1917 im allgemeinen eine andere Grundtendenz gegeben, aber auch hier kann die „Unerfahrenheit der revolutionären Mannschaften" nicht verschwiegen werden[22]):

---

[21]) Bernhard, a.a.O., S. 116

[22]) Bartmuss, Hans-Joachim und andere: Deutsche Geschichte, Band 2, Berlin (O), 1965, S. 824

„Einen Höhepunkt der revolutionären Friedensbewegung bildete 1917 in Deutschland der Aufstand in der Hochseeflotte. Seit dem Frühjahr war unter den Matrosen und Heizern der deutschen Hochseeflotte eine revolutionäre Bewegung für den Frieden entstanden. Sie ging zunächst von dem spontanen Widerstand gegen die harte Disziplin und von den besonders augenfälligen Gegensätzen zwischen Offizieren und Mannschaften auf den Großkampfschiffen aus. Unter den Matrosen verbreiteten sich die revolutionären Ideen auch deshalb besonders rasch, weil es unter ihnen viele gelernte Industriearbeiter gab und weil der Kontakt zwischen den Matrosen und der Zivilbevölkerung nie so vollständig zerschnitten worden war wie der zwischen den Soldaten an der Front und der Heimat. Nach der russischen Februarrevolution gewann die Bewegung bewußt politischen Charakter und zielte darauf hin, den Krieg auf revolutionärem Wege durch einen Matrosenaufstand zu beenden. Die Matrosen bauten ein System von Vertrauensmännern auf den einzelnen Schiffen auf und setzten die Wahl von Menagekommissionen gegen den Willen der Offiziere durch. Aus den Menagekommissionen entwickelten sich die späteren Matrosenräte. In der politischen Diskussion stützte die Matrosenbewegung sich auf die Zeitungen der USPD und auf das illegale Material der Spartakusgruppe und der Bremer Linksradikalen. Am 2. August verweigerten 800 Matrosen und Heizer des *Prinzregent Luitpold* unter der Führung von Albin Köbis den Dienst und verließen das Schiff. An Land hielten die Matrosen eine Versammlung ab, auf der ihre Redner zum Kampf gegen den Krieg und den Imperialismus aufriefen. Die Führer der revolutionären Flottenbewegung waren sich der nationalen Bedeutung ihres Tuns bewußt: „Wir sind die wahren Patrioten. Nieder mit dem Krieg! Wir wollen nicht mehr weiter Krieg führen!", rief Albin Köbis aus.
Der Schreck über die bis dahin unvorstellbare Massenaktion in der Flotte ließ das Schiffskommando sogleich die schärfsten Maßnahmen ergreifen. Bespitzelungen und Verrat sowie die Unerfahrenheit der revolutionären Mannschaften erleichterten es den Schiffskommandos, die Bewegung auf dem III. und IV. Geschwader der Hochseeflotte, wo sie ihren Anfang genommen hatte, weitgehend aufzudecken ..."

Militärgerichtliche Urteile

Die schwerwiegenden Vorgänge auf einzelnen Schiffen der deutschen Hochseeflotte mußten nach den geltenden Normen des Militärstrafrechts, verschärft durch den Kriegszustand, hart geahndet und die daran beteiligten Soldaten unnachsichtig mit aller zu Gebote stehenden Härte bestraft werden, um die Disziplin und die Schlagkraft der Flotte aufrechtzuerhalten. Jede kriegführende Macht hätte in der gleichen Lage ähnlich handeln müssen. Selbst in der Handelsflotte — in der Christlichen Seefahrt — wäre in Friedenszeiten bei den vorliegenden Tatbeständen eine strenge Bestrafung erfolgt; nach der alten Seemannsordnung (§§ 101, 102) wurden Schiffsleute, die auf Verabredung gemeinschaftlich dem Kapitän, einem Schiffsoffizier oder einem anderen Vorgesetzten den schuldigen Gehorsam verweigerten, mit Gefängnis bis zu einem Jahr, Rädelsführer bis zu drei Jahren bedroht.

Die rechtliche Würdigung der Fälle kommt in dem Urteil des Gerichts des IV. Geschwaders vom 23. August 1917 zum Ausdruck. Man mag zu den darin gesetzten Strafmaßen kritisch eingestellt sein — aus der Sicht der Kommandoführung mußte ein Exempel statuiert werden! Den militärischen Gerichtsherren und ihren juristischen Beisitzern bot sich eine Fülle von Tatbeständen, die ein energisches Durchgreifen im Rahmen des Kriegsrechts geboten und rechtfertigten.

Auffällig in dem Urteil und in seiner Begründung ist zunächst, daß nicht die Vorgänge selbst im Mittelpunkt stehen, vielmehr die im Zusammenhang mit den zahlreichen Unbotmäßigkeiten und Gehorsamsverweigerungen aufgedeckte Organisation des Widerstandes — politische Meuterei, Verschwörung! „Denn nicht erst in dem äußeren Losschlagen, in der Gewaltanwendung, sondern bereits in der Bildung einer mit bestimmten landesverräterischen Zielen bestehenden Organisation, die auf einen Wink der Leitung jeden Augenblick losschlagen konnte, erkannte das Gericht die Vollendung der kriegsverräterischen Aufstandsbewegung."

Wegen der ausführlichen militärjuristischen Darlegung der erregenden Aufdeckung einer politisch-revolutionären Bewegung in der Kaiserlichen Marine, jedenfalls nach Kenntnis und Urteil der Gerichtsherren, kann auf den Wortlaut des Dokuments im Sinne einer Analyse nicht verzichtet werden, ehe von anderer Seite die Stichhaltigkeit des vorgeworfenen Sachverhalts bezüglich der vermuteten oder tatsächlichen Bedeutung einer umstürzlerischen politischen Rebellenbewegung überprüft werden kann.
Die Untersuchungsorgane mußten in Anbetracht der zahlreichen Ereignisse in der Hochseeflotte den Eindruck einer wohlorganisierten Massenbewegung gewinnen. Aufbegehren gegen mangelhafte Verpflegungsverhältnisse, Hungerrevolten, Urlaubsdemonstrationen, Erbitterung gegen das Offizierkorps, Selbsthilfeaktionen, Gehorsamsverweigerungen u. ä. konnten nur Mittel zum Zweck, nur die ersten Anzeichen für das geplante „Losschlagen“ sein.
Ohne Zweifel enthalten die maßgeblichen Vorgänge, insbesondere der eigenmächtige Ausmarsch der vierhundert Heizer der *Prinzregent Luitpold*, nach militärischen und kriegsbedingten Begriffen die Merkmale einer Meuterei: Zusammenrottung, Verabredung, Gehorsamsverweigerung im Felde (Verbrechen gegen die Bestimmungen der §§ 103, 106, 107, in Verbindung mit § 54 des MilStGB und § 73 RStGB).
Meuterei bedeutet „gemeinsame Auflehnung der Untergebenen gegen ihren Vorgesetzten, die bei Militär, Schiffsvolk und bei Gefangenen für besonders strafbar erklärt ist. Das deutsche Militärstrafgesetzbuch (§§ 103—105) bestraft wegen Meuterei diejenigen Angehörigen des Heeres und der Kriegsmarine, die eine gemeinschaftliche Verweigerung des Gehorsams oder eine gemeinschaftliche Widersetzung oder Tätlichkeit gegen den Vorgesetzten verabreden[23]).“
Meuterei (die „Meute“) liegt vor bei einer Vereinigung mehrerer Personen zu Ungehorsam oder Empörung gegen Vorgesetzte. Bei militärischer Meuterei werden in allen Staaten schwere Strafen nach Kriegsrecht verhängt; gegen Rädelsführer wird besonders streng vorgegangen. Aus diesem Sachverhalt erklärt sich der Vorwurf des militärischen Aufruhrs im Felde in

---

[23]) Meyers Lexikon, Leipzig 1928, S. 367

Tateinheit mit Meuterei, begründen sich die hohen Gefängnisstrafen und die Todesstrafen gegen die Rädelsführer.
Es bleibt anzumerken, daß die verhängten Strafen des Gerichts des IV. Geschwaders durch den ranghöchsten Disziplinarvorgesetzten im Wege der Ermessensentscheidung — bis auf zwei Fälle — wesentlich gemildert wurden[24]).
Bezeichnenderweise ist dieses Verbrechen in sozialistischen Staaten undenkbar, wie eine entsprechende Passage in einem Standardwerk vermittelt[25]):

> „Meuterei: Gehorsamsverweigerung einer Schiffsbesatzung oder von Militärpersonen. Von der Bourgeoisie und der bürgerlichen Klassenjustiz wird der Begriff M. vor allem auf gerechte und fortschrittliche Erhebungen angewandt, um diese zu diskreditieren."

Trotz der eindeutigen rechtlichen Grundlage des Gerichtsverfahrens, trotz des durch viele Zeugen erhärteten Tatbestandes, die dem Geschwadergericht die Handhabe für das hohe Strafmaß boten, erscheint das in der Urteilsbegründung von Anfang bis Ende betonte Gewicht einer organisierten politischen Verschwörung überbewertet und nicht den wirklichen Gegebenheiten gerecht geworden zu sein. Mit dieser Meinung ist nichts gegen das im militärischen Bereich während des Krieges gefällte rechte Maß der Verurteilung gesagt. Wie angedeutet, hätten allein die realen Vorkommnisse, auch ohne den aufgedeckten Hintergrund, für eine unnachsichtige Ahndung ausgereicht.
Entgegen den bewiesenen Zusammenhängen und Verbindungen der Rädelsführer mit einer politischen Organisation außerhalb des Kommandobereichs der Flotte sind die aufgrund der einzelnen Aussagen gezogenen Rückschlüsse bezüglich des Umfangs, der Bedeutung, der Wirksamkeit und letzten Endes der Verantwortung dieser Institution konstruiert oder infolge mangelnder Übersicht und Einschätzung falsch bewertet worden. Der Vorwurf richtet sich in erster Linie gegen das Seeoffizierkorps, repräsentiert durch die militärischen Richter der Hochseeflotte.

---

[24]) vergl. Bestätigungsorder im Dokumenten-Anhang
[25]) Meyers Neues Lexikon, Leipzig 1964, S. 772

Es wäre freilich bequem und oberflächlich, wollte man behaupten, die Meutereien wären ausgeschlossen gewesen ohne das allgemein in der Hochseeflotte geübte provokatorische Auftreten der Seeoffiziere gegenüber den Mannschaften, wenn die anderen zersetzenden Faktoren entfallen wären — die erheblich unterschiedlichen Verpflegungssätze und Verpflegungsverhältnisse auf den Linienschiffen, das zweierlei Maß der Urlaubsgewährung, das erzwungene Zurückhalten der kampffreudigen Besatzungen usw.

Für den Marineoffizier galt Politik bis in die jüngste Zeit schlechthin als „schmutziges Geschäft". Ein Seeoffizier hat sich eben nicht um Politik zu kümmern! Es galt im Seeoffizierkorps der Kaiserlichen Flotte im allgemeinen als selbstverständlich, die Ziele der „Alldeutschen" zu vertreten und sich für einen Siegfrieden einzusetzen. Alles andere war in Messegesprächen offiziell indiskutabel.

Die Mannschaften dagegen rekrutierten sich überwiegend aus der großstädtischen, proletarischen Bevölkerung. Kein Wunder also, daß sie sich der zu Hause üblichen Schlagworte des Klassenkampfes, der internationalen Solidarität erinnerten, wenn die Verhältnisse auf den schwimmenden Kasernen zunehmend dem Spiegelbild einer Fabrik im Heimatort entsprachen.

So mußte den politisch ungeschulten Offizieren der Flotte zwangsläufig das Gespenst des Massenaufruhrs, ferngesteuert durch eine radikale, anarchistische Partei, erscheinen. So mußte ihnen in ihrer politischen Hilflosigkeit die „Aktion der Selbsthilfe" der an den Gehorsamsverweigerungen beteiligten Mannschaftsgruppen — Wortführer und unzufriedene Mitläufer — als das verabredete Losschlagen vorkommen.

Nicht minder verdienen die Rädelsführer das Prädikat der politischen und taktischen Dilettanten, die bar jeden Formats eines Berufsrevolutionärs waren; Hitzköpfe mit unverdauten Friedensparolen, mit unklaren Vorstellungen über die Wirksamkeit von Aktionen, bestärkt und ermutigt durch Zulauf unzufriedener Kameraden. *Zur Zeit des Juli/August 1917 befand sich die ganze Bewegung der „politischen Verschwörung" im Stadium einer hemdsärmeligen kleinen Meute, die Rabatz im Kettenkasten machen wollte, unbemerkt von der Überzahl der Mannschaften selbst, unbemerkt von Maaten, Deckoffizie-*

ren und Offizieren, gewarnt und gebremst von der revolutionären Parteizentrale.

Der Boden für die böse Saat war vorbereitet wie wohl nirgendwo sonst. Ausgelöst wurden die Meutereien durch die Verhältnisse in der Flotte! Alle Ereignisse des Sommers 1917 trugen im wesentlichen den Charakter einer Demonstration. Nach dem Willen der Rädelsführer wollten sie „es denen da oben einmal zeigen". Immer waren die Aktionen zeitlich begrenzt, sie endeten durch Androhung disziplinarischer Maßnahmen, durch Beschwichtigung und durch Entgegenkommen. Niemals kam es dabei zu dem entscheidenden Durchbruch. Überall fehlte der feste Entschluß zu einer Rebellion auf breiter Linie. Im maßgeblichen Moment trat die verführte, unzufriedene Meute, deren Schlüsselpositionen fast ausschließlich das rauhe Häuflein der Heizer innehatte, zurück. Ihr gegenüber stand das stets ahnungslose Kommando.

Zu dem entschiedenen Fürsprecher der verurteilten Matrosen und Heizer hat sich nach dem Kriege der Reichstagsabgeordnete Dittmann[26]) erhoben, jener USPD-Boß, der die Haupträdelsführer vor den Meutereien in der Berliner Parteizentrale empfangen und beraten hatte. Bei allem Vorbehalt gegenüber einem marinefremden Sachverständigen muß man ihm nolens volens einen hohen Grad an Einfühlungsvermögen bescheinigen, obwohl er selbst wegen seiner mittelbaren Beteiligung angeklagt worden war. Auf der anderen Seite zeichnet ihn das Urteil eines nicht befangenen „betriebsblinden" Außenstehenden aus.

Dittmann bemüht sich ernsthaft nachzuweisen, daß keine politische Meuterei und Verschwörung im Jahre 1917 in der Hochseeflotte vorgelegen habe. Er versteigt sich allerdings, in mangelnder Einsicht der militärischen Rechtsgrundlage, zu dem anklagenden Vorwurf des „Justizmordes" und stellt die unbewiesene Behauptung auf, die Aussagen der Angeklagten seien erpreßt oder durch Bedrohungen erzwungen worden.

Unabhängig von seiner falschen Optik, die wohl unter Einfluß der parteipolitischen Auseinandersetzungen in den ersten Nachkriegsjahren geprägt sein könnte, stellt Dittmann eine Skala

---

[26]) Dittmann: Die Marine-Justiz-Morde von 1917 und die Admirals-Rebellion von 1918, Berlin 1926; siehe Personenregister

der Gründe auf, die die Entwicklung verursacht oder begünstigt hätten: Kriegsdauer, Untätigkeit der Besatzungen, lange Werftliegezeiten, Erbitterung gegen Offiziere, Provozierung des Klassenkampfes von oben, übertriebener Exerzierdienst, ungünstige Bordverhältnisse u. a. Dadurch hätten Urlaubsdemonstrationen, Hungerrevolten und Gehorsamsverweigerungen nicht ausbleiben können.

Selbstverständlich kann nicht übersehen werden, daß in der Tat eine Organisation in der Hochseeflotte bestanden hat, die sich jedoch auf lose Zusammenkünfte an Land, in versteckten Winkeln an Bord und auf gelegentliche Kontakte von Schiff zu Schiff beschränkte. Offenbar könnte man auch in beschränktem Maße von einer Zentrale auf *SMS Friedrich der Große* sprechen, auf dem die aktivsten Matrosen und Heizer saßen, Sachse, Weber, Reichpietsch. Einzelaktionen der Besatzungen fanden jedoch ohne wechselseitige Abstimmung und spontan aus gegebenen Anlässen statt. Ein Mitspracherecht war inzwischen legal in den Menageausschüssen errungen worden, in die sich natürlich die Wortführer gedrängt hatten und hier alle Beschwerden vortrugen. Ein Vertrauensmännernetz war lückenhaft und lose gespannt.

Angesichts der überraschenden Ereignisse ist es erklärlich, daß das Kriegsgericht zu dem Schluß kam, es habe politische Verhetzung und Aufwiegelung durch die USPD vorgelegen. Wie anders konnten sich diese ungeheuerlichen Vorgänge in der Lieblingswaffe des Reiches erklären? War nicht einleuchtend, daß diese vaterlandslosen Gesellen die Flotte durch ihre zersetzende Propaganda mit dem Ziel des annexionslosen Friedens um jeden Preis die Besatzungen der Großkampfschiffe verseucht hatten, zumal bei einigen Matrosen und Heizern belastendes Material in Form von Flugblättern, Broschüren, Zeitungen und Briefen gefunden wurde? Also mußten die Strafen angemessen und die Begründungen recht und billig sein. Die Reihe der Delikte war von Fall zu Fall zu belegen: Erregung von Mißvergnügen, Gehorsamsverweigerung, Aufruhr, Meuterei in den Phasen der Vorbereitung, des Versuchs, der vollendeten Tat. Deswegen die Anklage wegen Aufstands im Kriege, Kriegsverrats, deswegen Verurteilung im Sinne des Aufstandsbegriffs nach § 90, Abs. 6 des Reichsstrafgesetzbuches, deswegen Todesstrafe für die Rädelsführer nach § 58 des Militärstrafgesetzbuches.

Kritiker des Urteils vertreten den Standpunkt, es habe kein tatsächlicher Aufstand vorgelegen, weil es an den entsprechenden Kriterien gemangelt habe; daher hätten auch keine Todesurteile verhängt werden dürfen (so z. B. der Justitiar des Reichsmarineamtes). Formal auf das Militärstrafrecht gestützt, mögen die juristischen Sachverständigen recht gehabt haben, sie übersehen dabei die psychologische Situation des Flottenkommandos. Die Höhe des Strafmaßes sollte abschreckend wirken, es sollte ein Exempel statuiert werden.

Auch der Chef der Hochseeflotte, Admiral Scheer, hegte als oberster Gerichtsherr Zweifel, indem er in einer Stellungnahme vom 2. September 1917 formulierte[27]):

„Die in dem Rechtsgutachten geltend gemachten Bedenken erkenne ich an. Ich gelange aber trotz danach bestehenden Zweifeln zu der Auffassung, daß der Gerichtsherr und das Feldkriegsgericht die Bestimmungen des § 90, 6 StGB richtig ausgelegt haben. Auch nach meiner Überzeugung erregt einen Aufstand unter Angehörigen unserer Kriegsmacht, wer in landesverräterischer Absicht zur Herbeiführung eines Aufstandes tätig wird; der Eintritt des von ihm gewollten Erfolges ist keine notwendige Voraussetzung des Gesetzes."

Admiralitätsrat Dr. Felisch [28]) registrierte in seinem Gutachten vom 16. August 1917, das Programm der USPD enthalte keine Anhaltspunkte für Massenstreiks, passive Resistenz, Disziplinarwidrigkeit, militärische Gehorsamsverweigerung u. a. als politische Ziele.

Ebenso der Wortlaut eines Rechtsgutachtens, das in die Nähe der Auffassung des Anklagevertreters gerückt ist, vermag bei aufmerksamem Studium nicht die Fragwürdigkeit des behaupteten Sachverhalts — einer politischen Verschwörung — zu verbergen. Zu dem Verfahren gegen den Angeklagten Rebe auf *SMS Moltke* nahm Oberkriegsgerichtsrat de Bary Stellung[29]):

„Rechtsgutachten gemäß § 425 Absatz 1 MStGB. Die tatsäch-

---

[27]) nach Dittmann, a.a.O., S. 66

[28]) nach Dittmann, a.a.O., S. 75

[29]) nach Brüninghaus, a.a.O., S. 18, 19

lichen Feststellungen des Urteils geben das Ergebnis der Hauptverhandlung (s. Protokoll) richtig wieder. Demgemäß hat der Angeklagte seine dem heutigen Staat und der Gesellschaft, dem Heeresdienst und der Kriegsführung feindliche Gesinnung, wie sie aus seinen Niederschriften, insbesondere auch aus dem in der Hauptverhandlung vorgelesenen Brief hervorgeht, durch Hetzreden bestätigt, die er in zwei im Juli 1917 von ihm bzw. seinen Gesinnungsgenossen einberufenen Versammlungen der seemännischen und tags darauf der technischen Besatzung *SMS Moltke* auf dem Exerzierplatz in Wilhelmshaven hielt. In dieser Rede schilderte er die *Bewegung auf den Linienschiffen der Flotte. Als Ziel der Bewegung bezeichnete er die Verbesserung der Mannschaftsverpflegung und die Stärkung des Friedenswillens der USPD, als Mittel zur Erreichung dieser Ziele eifrige Verbreitung der linkssozialdemokratischen Presse, Einigkeit, um einen Druck auf die Kommandos ausüben zu können und im Falle der Nichterfüllung ihrer Wünsche „Selbsthilfe" durch demonstrative Gehorsamsverweigerung.* Charakteristisch für den Charakter des Rebe sind die von dem Angeklagten selbst angegebenen Sätze: *„Das Gebot der Stunde ist eisernes Schweigen über das Gehörte und fleißige Mitarbeit"* und nachdem er demjenigen, der aus der Schule plaudert, die Behandlung als Streikbrecher androht: *„Zur Selbstverteidigung ist das gemeinste Mittel gerade gut genug."*

Wenn der Angeklagte glauben machen will, sein Ziel sei ganz unabhängig von der Mannschaftsbewegung des Sommers 1917 im I. und IV. Geschwader lediglich auf eine Verbesserung der Verpflegung auf *SMS Moltke* gerichtet gewesen, so ist das offenbar unwahr. Zweck der Rede war vielmehr die Übertragung der politisch-revolutionären Bewegung auch auf die *Moltke*-Besatzung, die Verpflegung war nur Mittel zu diesem Zweck. Um die durch die früheren Strafprozesse bekannten Ziele der Bewegung, insbesondere auch die nötigenfalls durch Dienst- und Gehorsamsverweigerung zu erzwingende Herbeiführung eines sogenannten Verzichtfriedens zu erreichen, mußte zunächst die Autorität der Vorgesetzten untergraben, die Masse der Besatzung in die Hand der Führer der Bewegung gebracht werden.

Den politischen Zweck seiner Reden hat der Angeklagte bei

seiner ersten Vernehmung am 9. Oktober 1917 (Blatt 7. St.) auch zugegeben. Trotz späteren Bestreitens ist dieses Geständnis auch durchaus glaubhaft, auch wenn es richtig sein mag, daß der Angeklagte damals durch Müdigkeit und Erregung beeinflußt war. Er hat sich genau überlegt, was er zugeben wollte und was nicht. Das beweist nicht nur die Aussage des Gerichtsschreibers Nöckel, es ergibt sich auch aus dem Inhalt des Protokolls, indem er keineswegs, wie er nachträglich behauptet, blindlings alles bestätigt hat, was man ihm zur Last legte. Selbst wenn man aber dieses erste Geständnis völlig ausschalten wollte, würde auch der Inhalt der ersten sogenannten Verteidigungsschrift (Blatt 11 ff.) die tatsächlichen Feststellungen des Urteils rechtfertigen. *Charakteristisch für den Zusammenhang der Hetzarbeit des Angeklagten mit der Bewegung auf den Linienschiffen der Flotte ist der „streng vertraulich" überschriebene Aufruf Blatt 5 d. A., der zur „Solidarität" mit den Leuten von Prinzregent Luitpold, Friedrich der Große und König Albert auffordert und mit den Worten schließt: „Nieder mit dem Krieg, nieder mit dem Militarismus!"* Ob dieser Aufruf tatsächlich verbreitet worden oder ob er vor oder nach den Versammlungen niedergeschrieben ist, ist von untergeordneter Bedeutung, er zeigt auf jeden Fall, aus welcher Gesinnung heraus der Angeklagte jene Hetzrede gehalten hat.
Auf diesen Tatbestand sind mit Recht die §§ 89, 56, 57 MStGB zur Anwendung gebracht worden. Der Dolus des Angeklagten geht über die „Aufwiegelung" des § 100 MStGB weit hinaus. *Seine Absicht geht dahin, die Mannschaft gegen die Vorgesetzten zusammenzuschließen und sie mit einem Geiste zu erfüllen, der sie zu gefügigen Werkzeugen in der Hand des Angeklagten und seiner Gesinnungsgenossen machte. Eine derartige Verhetzung während des gegenwärtigen Kriegszustandes ist geeignet, die betreffende Mannschaft und damit das Schiff als Kriegswerkzeug in seinem Wert für die Kriegsmacht des deutschen Reiches erheblich herabzusetzen. Diese Folge, mag sie nun unmittelbar beabsichtigt gewesen sein oder nicht, konnte jedenfalls dem Angeklagten bei seiner erheblichen Intelligenz nicht unbekannt bleiben und ist sie auch nicht geblieben.* (Vgl. Blatt 116 und 143 d. A.) *Der Tatbestand des versuchten Kriegsverrats ist damit erfüllt; die erkannte Strafe entspricht dem Gesetz.*

Gegen die Verurteilung wegen Anstiftung zum Vergehen gegen die Verordnungen des Festungskommandanten und des Stationschefs betreffend den Inlandpostverkehr bestehen ebenfalls keine Bedenken. Die wesentlichen Vorschriften betreffend des Verfahrens sind gewahrt. Es bestehen demnach keine Bedenken gegen die Bestätigung des Urteils. gez. *De Bary.*"

Nach allem, was an Berichten, Stellungnahmen und Gutachten von verschiedenen Seiten zur Verfügung steht, läßt sich der angenommene Sachverhalt einer politischen Agitation umstürzlerischer Art nicht aufrechterhalten. Sogar in der Geschichtsschreibung in dem anderen Teile Deutschlands wird relative Zurückhaltung geübt. In dem von dem Institut für Geschichte an der Deutschen Akademie der Wissenschaften in Berlin (O)[30]) herausgegebenen Beitrag heißt es auszugsweise:

„Die Aufgabe dieser Organisation bestand darin, Mißstände aufzuklären, die Dinge schnell weiterzugeben und gegen Mißstände geschlossen aufzutreten[31]) . . ."

„Die Vertrauensmänner-Organisationen von *Friedrich der Große* und von *Prinzregent Luitpold* gingen gemeinsam daran, in allen Geschwadern eine revolutionäre Organisation zu schaffen, eine Flottenzentrale aufzubauen und die Flottenmannschaften für die revolutionäre Friedensbewegung zu gewinnen. Wiederholt führten sie im Juli Besprechungen und Versammlungen durch. Reichpietsch selbst legte auf einer Versammlung Ende Juli die Aufgaben der Mannschaften und den Sinn der revolutionären Mannschaftsbewegung dar: „Dem Stande der Matrosen und Heizer bringe eine weitere Kriegsführung nur noch Nachteile. Deshalb müsse dem Kriege mit Gewalt ein Ende gemacht werden. Die Soldaten müßten sich fest zusammenschließen und, wenn sie diesen Zusammenschluß erreicht hätten, nötigenfalls mit Gewalt gegen die Vorgesetzten vorgehen. Die Friedensbewegung müsse unbedingt in der Marine verbreitet werden, damit die Abgeordneten der USPD demnächst in Stockholm den nötigen Rückhalt hätten. Wenn aber die Abgeordneten wiederkommen sollten und hätten nichts in Stockholm ausgerichtet und dann an die Soldaten der Ruf

---

30) Bernhard, a.a.O., S. 133

31) Bernhard, a.a.O., S. 140

herantrete: ‚Auf, sprengt die Fesseln nach russischem Muster, dann wisse ja jeder, was er zu tun habe‘.“

Die revolutionäre Bewegung breitete sich jetzt über die ganze Hochseeflotte aus. Auf den drei Schlachtschiffgeschwadern bildete sich eine illegale revolutionäre Organisation. Die revolutionäre Friedensbewegung trat aber auch auf den Schlachtkreuzergeschwadern und auf den kleinen Kreuzern der Aufklärungsstreitkräfte auf. Insgesamt haben sich etwa 5000 Matrosen und Heizer zu der revolutionären Friedensbewegung bekannt. Den Höhepunkt der revolutionären Mannschaftsbewegung stellt die Massenaktion der *Prinzregent*-Mannschaft Anfang August 1917 dar.

Die revolutionäre Friedensbewegung in der Flottenmannschaft blieb im wesentlichen auf die Flotte selbst beschränkt. Der Matrosenaufstand bildete nicht den Anfang einer umfassenden Aktion der revolutionären Arbeiterbewegung Deutschlands. Die revolutionären Mannschaften hatten auf die Führung der USPD gebaut. Doch diese ließ sie im Stich und verriet sie. Deshalb gelang es dem Flottenkommando 1917, die illegale Organisation der revolutionären Flottenmannschaften verhältnismäßig rasch aufzurollen und die revolutionäre Mannschaftsbewegung zu unterdrücken.“

Selbst wer nicht darin geübt ist, die dialektische Betrachtungsweise geschichtlicher Vorgänge zu würdigen, wird mühelos die Redewendungen auf den rechten Grad zurechtrücken können. Abgesehen von der Auswahl der Formulierungen im ersten Absatz („gingen gemeinsam daran ...“, „Deshalb müsse...“, „Die Friedensbewegung müsse unbedingt ...“, „Wenn aber ..., dann ...“ usw.), ist in das Bekenntnis der 5000 Matrosen und Heizer zu der revolutionären Friedensbewegung die große Zahl der unzufriedenen Mitläufer mit einbezogen. Die willkürliche Zahl sagt wenig über die Bedeutung der „revolutionären Mannschaftsbewegung“ aus. Man stelle einmal den breiten Inhalt der Urteilsbegründung dem Satz in diesem Beitrag gegenüber, die USPD hätte die revolutionären Mannschaften verraten. —

Am 5. September 1917 wurden Reichpietsch und Köbis in Köln-Wahn standrechtlich erschossen.

In der DDR werden den beiden Märtyrern Denkmale gesetzt. Die Volksmarine ehrt sie als revolutionäre Helden.

In der Bundesrepublik Deutschland kennt man nicht einmal ihre Namen. Die Bundesmarine schweigt geflissentlich über die düsteren Tage der deutschen Marinegeschichte.
Der „Verrat“ bezieht sich auf die zurückhaltende, warnende und beschwichtigende Haltung der Parteizentrale gegenüber den Rädelsführern, die während ihres Heimaturlaubs die leitenden Funktionäre in Berlin aufgesucht hatten (Reichpietsch und Sachse von *Friedrich der Große*, Calmus von *Rheinland*). Ebenfalls ist verbürgt, daß die Ortsleitung der USPD in Kiel die mit ihr in Verbindung stehenden Matrosen in keinem Falle zu unüberlegten Handlungen im militärischen Bereich ermutigt hat. So wird von einem heftigen Wortwechsel zwischen Reichpietsch und dem Parteivorsitzenden Sens berichtet: „Sens erklärte Streiks der Zivilbevölkerung zur Erzwingung des Friedens für berechtigt, lehnte aber Heeres- und Flottenstreiks strikt ab[32].“
Die USPD hat den unzufriedenen Matrosen und Heizern, soweit einzelne mit ihr Kontakt hatten, Förderung und Unterstützung zur Beseitigung ihrer Sorgen zugesagt und Propagandamaterial verteilt, zugleich aber dringend Vorsicht wegen der Gefährlichkeit und Strafbarkeit des Unternehmens angeraten.
Nach Vollstreckung der Urteile versuchte das Flottenkommando, unzuverlässige Leute durch Kommandierungen an Landmarineteile und an das Flandernkorps zu neutralisieren, um die Schlagkraft der Hochseeflotte zu festigen.
Das Stammpersonal der Linienschiffe fühlte sich eingeschüchtert und übte absolute Zurückhaltung aus. Die Bewegung, wenn sie überhaupt als solche anzusprechen war, war tot. Agitation und Propaganda für die USPD schliefen ein. Ihre diskreditierten Funktionäre mußten sich in gesonderten Verfahren verantworten. Insgeheim herrschte in der gesamten Flotte Erbitterung und Empörung über die vollstreckten Todesurteile. „Auch die Offiziere waren wie betäubt über das Unheil, das die Kriegsgerichtsräte da angerichtet hatten[33].“

---

[32]) nach Bernhard, a.a.O., S. 131

[33]) Richard Stumpf, Gutachten des Sondersachverständigen früheren Matrosen, in: Die Ursachen des Deutschen Zusammenbruchs im Jahre 1918. Das Werk des Untersuchungsausschusses 1919—1928, Berlin 1928, S. 51

Es ist nicht nachzuweisen, ob die Vorgänge im Sommer 1917 bei den Feindmächten während des Krieges bekannt geworden sind bzw. in der Feindpropaganda ausgewertet wurden. Rückschlüsse auf die Einsatzfähigkeit der deutschen Hochseeflotte hätten möglicherweise bei den Feinden zu Fehleinschätzungen führen können, obwohl Krisen der Mannschaft Krisen der Führung sind.

„Gericht des IV. Geschwaders[34]).

Urteil

in der Untersuchungssache gegen

1. Oberheizer Willy Sachse, Max Reichpietsch, Willy Weber, *SMS Friedrich der Große.*
2. Oberheizer Josef Fischer, *SMS Pillau.*
3. Oberheizer Louis Bräuner, *SMS Kaiserin.*
4. Obermatrosen Adolf Bieber, Richard Linke, *SMS Helgoland.*
5. Heizer Köbis, Beckers, *SMS Prinzregent Luitpold.*

wegen Kriegsverrats hat ein auf Befehl des Gerichtsherrn und Chefs des IV. Geschwaders zusammengetretenes Feldkriegsgericht in der Sitzung vom 25. August 1917, an der teilgenommen haben, und zwar

als Richter:

a) militärische:
   1. Korvettenkapitän Weber, Vorsitzender,
   2. Kapitänleutnant Loewe,
   3. Oberleutnant z. S. Köllmann

b) juristische:
   1. Marine-Hilfs-Kriegsgerichtsrat Dr. Frauen, Verhandlungsfüh.,
   2. Marine-Hilfs-Kriegsgerichtsrat Sachse;

---

[34]) Die Ursachen des Deutschen Zusammenbruchs im Jahre 1918. Das Werk des Untersuchungsausschusses 1919—1928, Berlin 1928, S. 321—331

als Vertreter der Anklage:

1. Marine-Hilfs-Kriegsgerichtsrat Breil,
2. Marine-Hilfs-Kriegsgerichtsrat Loesch,
3. Marine-Hilfs-Kriegsgerichtsrat Dr. Dobring;

als Militärgerichtsschreiber:
Marine-Hilfs-Kriegsgerichtssekretär Martini,

für Recht erkannt:

Die Angeklagten werden verurteilt:

1. Wegen vollendeter kriegsverräterischer Aufstandserregung:
   a) Reichpietsch, Beckers, Köbis, Sachse, Weber, zum Tode, Aberkennung der bürgerlichen Ehrenrechte auf Lebensdauer und Entfernung aus der Marine;
   b) unter Annahme eines minder schweren Falles: Fischer zu 15 Jahren Zuchthaus, Bräuner zu 12 Jahren Zuchthaus, Aberkennung der bürgerlichen Ehrenrechte auf die Dauer von 10 Jahren und Entfernung aus der Marine.
2. Wegen versuchter kriegsverräterischer Aufstandserregung: Bieber und Linke zu je 10 Jahren Zuchthaus, Aberkennung der bürgerlichen Ehrenrechte auf die Dauer von 5 Jahren und Entfernung aus der Marine.

Tatsächliche und rechtliche Begründung

Bereits zu Beginn des Jahres 1917 machte sich in der Flotte, wohl infolge der russischen Revolution, eine Bewegung geltend, die aus vorhandenen oder vermuteten Mißständen genährt wurde. Ein Teil der Mannschaften glaubte Kritik an der Verschiedenheit des Essens für Offiziere und Mannschaften üben zu müssen. Vornehmlich mag es aber die Untätigkeit sein, zu der das Gros der Schlachtflotte mehrfach für längere Zeiträume verurteilt ist, auch der Wunsch nach baldigem Frieden, der die Unzufriedenheit nährte und die Köpfe verwirrte. Am 21. Juni fuhr der Angeklagte Reichpietsch von *Friedrich der Große* nach Berlin, um sich angeblich bei der Parteileitung der USPD Auskunft über Menageangelegenheiten und ein Verbot des Haltens sozialdemokratischer Zeitungen der USPD zu holen. Er hatte mit dem Abgeordneten Dittmann in dessen Schreibstube und weiterhin mit den Abgeordneten Vogtherr, Haase, nochmals wieder Dittmann und der Frau Luise Zietz im Reichstagsfraktionszimmer längere Unterredungen. Die erstere mit Dittmann dauerte ½ Stunde. Angeblich wurde nur von den bezeichneten Angelegenheiten gesprochen. Dittmann verwies den Reichpietsch dann an Vogtherr, weil dieser die Marine bearbeitete. Die zweite Unterredung dauerte etwa 2 Stunden. In dieser war zugestandenermaßen von dem Beitritt der Flottenmannschaften zur USPD die Rede. Die anwesenden Sozialdemokraten gaben auch ihrer Freude darüber Ausdruck, daß die Bewegung in der Flotte schon so gute Fortschritte gemacht habe und ermunterten zum Weitermachen. Frau Zietz forderte den Reichpietsch auch noch zur Gründung einer Zivilortsgruppe der USPD in Wilhelmshaven auf; er solle sich zu diesem Zweck an den Werftschreiber Büdeler wenden; Reichpietsch und die Zietz blieben in Schriftwechsel. Reichpietsch erhielt auch zugestandenermaßen von Dittmann die Adressen der Vertrauensleute der Partei, für Kiel Sens, für Bremen Henke, für Wilhelmshaven Büdeler, an welche die Listen der der USPD beigetretenen Mitglieder der Flottenmannschaften zu schicken und von wo sozialdemokratische Zeitschriften und Propogandamaterial abzuholen seien. Von der Verwendung der Listen auf der Stockholmer Konferenz war angeblich nicht die Rede. Reichpietsch gibt aber selbst zu, daß ihm die Ansicht der Partei über die nötigenfalls zwangsweise Durchführung der Beschlüsse der Stockholmer Konferenz im Wege des Generalstreiks bekannt seien. Dittmann schickte den Reichpietsch auch zu dem Parteisekretär Herbst in Berlin, wo er sich Listenformulare und sozialdemokratische Zeitschriften, z. B. Reden Dittmanns und Haases über Belagerungszustand und Zensur, zur Verbreitung holen sollte und holte. Mehr soll angeblich in Berlin nicht geschehen sein.

Nach der Rückkehr des Reichpietsch von Berlin kam nach Angaben Sachses die Bewegung unter den bis dahin beteiligten Flottenmannschaften mit dem letzten Ziele der USPD, nötigenfalls die gewaltsame Durchführung der Stockholmer Konferenzbeschlüsse durch einen Flottenstreik zu unterstützen, mehr in Fluß. Insbesondere war man fest entschlossen, bei Hungerstreiks

die Befehle, auf aufständige Massen zu schießen, nicht auszuführen. Im übrigen war man sich im einzelnen über das „Wie" noch nicht schlüssig. Man wollte die Anweisung von Berlin abwarten, auf die man nach der Stockholmer Konferenz mit Bestimmtheit rechnete. Dann fuhr der Angeklagte Sachse von *Friedrich der Große* nach Berlin, er brachte Dittmann einige Mitgliederzettel. Dittmann verwies ihn an den Parteisekretär Herbst, da er sich mit einzelnen Namen nicht abgeben könne.
Einen weiteren Fortschritt in der Organisation und Verbreitung der Ziele derselben gewann die Bewegung durch die Einrichtung der Menagekommissionen im Juli. Die Kommissionen anderer Schiffe kamen an Bord *Friedrich der Große* und baten um Verhaltungsmaßregeln. So trat der Angeklagte Köbis, Mitglied der Menagekommission *Prinzregent Luitpold,* an Sachse heran mit dem Vorschlag, eine allgemeine Zusammenkunft zwecks Besprechung von Mißständen herbeizuführen. Durch derartige Zusammenkünfte tritt die Bewegung in kürzester Zeit auf andere Schiffe über, nämlich außer auf *Prinzregent Luitpold,* wo die Bewegung mit der auf *Friedrich der Große* bereits gleichen Schritt gehalten hatte, auf *Pillau, Kaiserin* zuletzt auch auf *Helgoland* und nach Angaben Sachses auch auf *König Albert, Großer Kurfürst, Kronprinz, Westfalen, Ostfriesland, Schwaben, Zieten.* In Fragen der Organisation holte man sich Rat von *Friedrich der Große.* Hier war die Hauptzentrale eingerichtet. Leiter derselben waren Sachse, Reichpietsch, Weber. Sie hatten die Aufgabe, die Beziehungen zur USPD aufrechtzuerhalten, die Organisation auf anderen Schiffen einzurichten, sowie durch Agitation in Versammlungen, Erteilung von Auskunft und Verteilung sozialdemokratischer Schriften Mitglieder für die USPD und deren Ziele zu werben. Zu diesem Zweck wurden auch auf den einzelnen Schiffen Schiffszentralen eingerichtet, unter denen wiederum bei jeder Division Vertrauensleute tätig sein sollten.
Wiederholt fanden dann Versammlungen in den Wirtschaften „Tivoli", „Deutsches Haus", „Bei Kummer" und auch im „Banter Schlüssel" in Rüstringen statt. In diesen Versammlungen taten sich neben den Zentralleitern auf *Friedrich der Große* inbesondere auch der Angeklagte Beckers von *Prinzregent Luitpold* als Redner hervor. Die Angeklagten Fischer von *Pillau,* Bräuner

von *Kaiserin* und schließlich auch Bieber und Linke von *Helgoland* erschienen zu Versammlungen. Diese Leute wurden von der Hauptzentrale aus als die Leiter der Schiffszentralen bezeichnet und auch anerkannt. In einer der Versammlungen hielt ein Mann der II. T.-D., Herre, in Zivil Redakteur der „Leipziger Volkszeitung", eine Rede, die angeblich auf sämtliche Zuhörer einen großen Eindruck machte. Es tauchte angeblich nach dieser Rede erst der Gedanke auf, daß die der Partei in Berlin zugehenden Mitgliederlisten auf der Stockholmer Konferenz als Beweis für die Friedensbewegung in der Flotte verwendet werden sollten. Solche Listen wurden dann an Sens von *Friedrich der Große* geschickt, ferner wurde dann Sachse eine Liste von 300 Mitgliedern von *Prinzregent Luitpold* und eine Nachtragsliste von etwa 60—80 Mitgliedern von *Friedrich der Große* dem über Leipzig auf Urlaub fahrenden Oberheizer Martin Müller zur Abgabe an den Redakteur der Leipziger Volkszeitung — Schröers — in Leipzig mitgegeben. Müller hatte den Auftrag, sie von dort nach Berlin an die Parteileitung weiterschicken zu lassen. Müller gab die Listen auch bei Schröers ab. Derartige Listen waren auch auf *König Albert*, *Kaiserin* und *Pillau* gesammelt. Die Mitgliederzahl ging auf verschiedenen Schiffen, z. B. auf *Kaiserin* und *Pillau* in die Hunderte. Die ganze Bewegung umfaßte zur Zeit der ersten Verhaftungen Anfang August nach eigener Darstellung der Angeklagten bereits 5000 Mann, nach einer anderen Darstellung sogar 10 000 Mann. Es ist wohl anzunehmen, jedenfalls hat sich das Gegenteil nicht erweisen lassen, daß ein großer Teil der Mitglieder durch Vorspiegelung des bloßen Beitritts zur USPD eingefangen war. Allerdings waren sich die Hauptbeteiligten, wie Reichpietsch erklärt, über die letzten Ziele der Bewegung und nötigenfalls der Gewaltanwendung im Falle eines Flottenstreiks auch vollkommen klar und hierzu auch fest entschlossen. Wenn auch ein entsprechendes Programm schriftlich nicht niedergelegt sein mag, so waren doch sämtlichen Angeklagten zugestanden die Tendenzen desselben bekannt. In Kenntnis dieser Tendenzen haben sämtliche Angeklagten gearbeitet und Mitglieder zum Zwecke der Verwertung auf der Stockholmer Konferenz zur Erzwingung des Friedens geworben oder, wie die Angeklagten Bieber und Linke auf *Helgoland*, dies versucht.

Wenn auch Sachse und Weber für sich bestreiten, die Absicht einer Gewaltanwendung gehabt zu haben, so sind sie doch als Leiter der Bewegung für alle Folgen mit verantwortlich, da sie dieselben kommen sahen und trotz der Möglichkeit nichts getan haben, um derartigen Tendenzen entgegenzutreten. Sachse will sich allerdings vor seiner Verhaftung am 8. August 1917 besonders auf das Gerücht hin, daß *Friedrich der Große* in die Luft gesprengt werden solle, zurückgezogen haben. Aber gerade Weber hat noch am 2. August in einer Versammlung bei Kummer vor Leuten der *Kaiserin,* mit denen er an diesem Tage verhaftet wurde, eine Tendenzrede gehalten. Inwieweit Weber über die Organisation unterrichtet war, ergibt sich u. a. auch aus dem Inhalt eines bei ihm vorgefundenen Notizbuches, dessen Abschrift Blatt 117 d. A. des Ger. IV. G. — 73/17 — Gegenstand der Verhandlungen war.
Auf *Prinzregent Luitpold* traten Beckers und Köbis als Leiter der Bewegung hervor. Beckers verfaßte nach dem Vortrag von Herre einen Aufruf, für dessen Verbreitung er in Reden, in Versammlungen und anderswo beim Anwerben von Mitgliedern Sorge trug. Dieser Aufruf Bl. 31 d. A. IV. G. — 94/17 — war Gegenstand der Verhandlung. Köbis tat sich neben Beckers besonders am 1. und 2. August 1917 hervor, als an beiden Tagen Leute von *Prinzregent Luipold,* am ersten Tage Leute der III. Wache wegen Ansetzung militärischen Dienstes statt Kino, am zweiten Tage etwa 400 Mann wegen Bestrafung verschiedener Leute sich von Bord begaben und geschlossen nach Rüstersiel zur Wirtschaft „Zum weißen Schwan" marschierten. Köbis hielt auch dort eine Rede, in der er u. a. zum festen Zusammenschluß und Vorgehen gegen die Vorgesetzten zwecks Zurücknahme der Bestrafung aufforderte und bemerkte, das Losschlagen sei zu früh erfolgt, man habe in 2—3 Wochen zu einem größeren Schlage ausholen wollen. Die geschlossene Entfernung der *Prinzregent-Luitpold*-Mannschaften, jedenfalls die zweite Entfernung, war ein Hauptwerk der Angeklagten Bekkers und Köbis. Beachtenswert ist in diesem Zusammenhang, daß Beckers noch am Nachmittag des 2. August dem Sachse einen Zettel zukommen ließ mit den Worten: „Schiff Belagerungszustand, fahren raus, wenn in drei Tagen keine Nachricht, dann los! B."

Wenn auch diese Vorfälle auf *Prinzregent Luitpold* aus besonderen örtlichen Anlässen entstanden sein mögen, so hatte nach Ansicht des Gerichts die Geschlossenheit dieses Losschlagens doch ihre innere Ursache aus dem Umfang der ganzen anarchistischen Flottenorganisation. Man fühlte sich kräftig genug, einen Schlag zu wagen. Ähnlich war es mit dem vorangegangenen Hungerstreik auf *Prinzregent Luitpold* und mit der Beschädigung der Akkumulatoren, ferner mit der Massenentfernung der Mannschaften von *Pillau.*
Auf *Pillau* spielte Fischer eine besondere Rolle, auch er war in Versammlungen genau über Organisation und die letzten Ziele des Flottenstreiks von der Gewaltanwendung unterrichtet. Dies ergibt sich u. a. auch aus den bei ihm gefundenen Schriftstücken Bl. 23 d. A. IV. G. — 73/17 —, die Gegenstand der Verhandlung waren. Auch er hat danach Mitgliederlisten auf *Pillau* angelegt und Mitglieder angeworben, vgl. auch die Listen Bl. 23 a. a. O. Diese Tätigkeit hatte ihm anscheinend Oberheizer Riede streitig zu machen versucht. Im übrigen läßt sich aber bei Fischer, im Gegensatz zu Beckers und Köbis, nicht feststellen, daß er auf dem Ausmarsch der Besatzung von *Pillau* oder sonst agitatorisch in Versammlungen in Wirtschaften besonders hervorgetreten ist. Ähnlich liegt es mit dem Angeklagten Bräuner auf *Kaiserin.* Bräuner hat nachgewiesenermaßen an Bord agitatorisch für die Bewegung und deren Ziele, die ihm aus Versammlungen im „Tivoli“ als anarchistisch bekannt waren, gewirkt, auch in der Bunkerversammlung eine Rede gehalten und zur Mitgliederzeichnung aufgefordert. Die Listen scheinen dann hauptsächlich vom Oberheizer Dahn und Schmidt (Johann) von *Kaiserin* geführt zu sein. Schmidt will die Listen nach einer Ansprache des Kapitäns z. S. Grashoff, die dieser nach der Festnahme Webers und der Leute von *Kaiserin,* u. a. auch Bräuner, hielt, vernichtet haben.
Im Gegensatz zu den bisherigen Feststellungen auf *Friedrich der Große, Prinzregent Luitpold, Pillau* und *Kaiserin* war die Bewegung auf *Helgoland* im Anfangsstadium. Die Angeklagten Bieber und Linke hatten an einer Versammlung im Tivoli, in der die Organisation und Ziele der anarchistischen Bewegung vorgetragen war, teilgenommen. Bieber war dann nach dem Vortrage an den Angeklagten Weber her-

angetreten und hatte ihn gebeten, einmal zwecks näherer Unterredung auf *Helgoland* zu kommen. Weber tat dies. Bieber und Linke wußten demnach Bescheid. Am 7. August bestellte Bieber dann ein Zimmer im „Banter Schlüssel" in Rüstringen. Am selben Abend setzte er noch mit Linke zusammen das Programm Bl. 24 d. A. des I. G. auf, das Gegenstand der Verhandlung war. Angeblich will er dieses Programm im Konzept gefunden haben. Am folgenden Tage kamen dann eine Anzahl von *Helgoland* in den „Banter Schlüssel", insgesamt 22, angeblich ganz zufällig. Bieber und Linke hielten dann, zuerst Bieber, eine kurze Begrüßungsansprache, in der er den Zweck des Zusammenkommens erörterte. Darauf sprach Linke über den Balkan und alsdann Bieber über die Kriegslage. Die Versammlung sollte die Gründung eines Soldatenbundes auf *Helgoland*, Wahlen zu Vertrauensleuten und Beitritt von Mitgliedern bezwecken, wie sich aus dem Programm — Bl. 34 d. A. d. I. G. sowie aus den Mitgliederlistenformularen aus Bl. 39 dieser Akten —, das ebenfalls in der Verhandlung vorgelegt wurde, ohne weiteres ergibt. Die Ausrede Biebers, daß es sich lediglich um eine kameradschaftliche Zusammenkunft zwecks Besprechung über wissenschaftliche Dinge gehandelt habe, ist nach alledem unwahr. Das ergibt sich überdies aus der Aussage des Zeugen, Kriminalschutzmanns Steffen, der den Gang der Verhandlung und Vorträge im wesentlichen belauschte und die Verhandlung dann während der Rede Biebers über die Kriegslage aufhob.

Der ganze Sachverhalt ergibt sich aus dem teilweisen Geständnis der Angeklagten in Verbindung mit den Aussagen der vernommenen Zeugen sowie der vorgelegten Schriftstücke.

Auf Grund dieses Sachverhalts hatte das Gericht zu prüfen, ob die Voraussetzung der §§ 89, 90 Ziff. 6 RStGB. und §§ 56, 57, 58 MilStGB. vorliegen.

Nach § 89 gehört zum Landesverrat, daß ein Deutscher vorsätzlich während eines gegen das Deutsche Reich ausgebrochenen Krieges einer feindlichen Macht Vorschub leistet oder der Kriegsmacht des Deutschen Reiches Nachteil zufügt. Sämtliche Angeklagte sind Deutsche. Zum Vorsatz gehört nach ständiger Rechtsprechung (vgl. auch Urteil Liebknecht RMG. Nr. 847) das Wissen und Wollen des Vorschubleistens oder Nachteilzufügens. Es genügt dabei das Bewußtsein, daß die eigenen Handlungen diese Wirkung haben können. Die Absicht dazu ist nicht erforderlich; auch auf die Beweggründe kommt es nicht an. Die Angeklagten waren sich nach Überzeugung des Gerichts bewußt, daß ihr Verhalten der deutschen Marine Nachteil zufügen konnte. Dieser Nachteil ist auch tatsächlich durch Lockerung der Disziplin und Infragestellung der Schlagfertigkeit der Flotte eingetreten. Dieser Nachteil braucht dabei nicht ein dauernder zu sein.

Weiterhin sind auch die Voraussetzungen des § 90 Ziff. 6 gegeben. Denn nicht erst in dem äußeren Losschlagen, in der Gewaltanwendung, sondern bereits in der Bildung einer mit bestimmten landesverräterischen Zielen bestehenden Organisation, die auf einen Wink der Leitung jeden Augenblick losschlagen konnte, erkannte das Gericht die Vollendung der kriegsverräterischen Aufstandserregung.

Eine derartige Organisation bestand auf *Friedrich der Große, Prinzregent Luitpold, Pillau, Kaiserin.* Die Organisation war auf diesen Schiffen so weit gediehen, daß von einer bloßen Gärung oder versuchten Aufstandserregung nicht mehr die Rede sein kann, zumal es auf *Prinzregent Luitpold* zur Massenentfernung, zum Hungerstreik und zur Beschädigung der Akkumulatoren, sowie auf *Pillau* zur Massenentfernung gekommen war. Da sämtliche Angeklagten zu den Personen des Soldatenstandes gehören, der Landesverrat gemäß § 9 Ziff. 1 und 2 in Verbindung mit dem zu Ziff. 2 gegebenen allerhöchsten Erlaß vom 8. Mai 1917, sowie der Bekanntmachung des R.M.A. vom 26. April 1917 im Felde begangen ist, so waren die Angeklagten aus §§ 56, 57, 58 Ziff. 1 MilStGB. zu bestrafen.

Als Zentralleiter der ganzen Bewegung haben Reichpietsch, Sachse und Weber für ihre Tätigkeit und deren Folgen voll und ganz einzustehen. Es lag deshalb keine Veranlassung vor, bei diesen drei Angeklagten gemäß § 58 Abs. 2 einen minder schweren Fall anzunehmen. Ebenso verneinte das Gericht bei den Angeklagten Beckers und Köbis von *Prinzregent Luitpold* einen minder schweren Fall. Diese beiden Angeklagten haben ebenfalls eine Hauptrolle in der ganzen Bewegung gespielt, insbesondere auch einen wesentlichen Anteil an dem Massenstreik am 1. und 2. August auf *SMS Prinzregent Luitpold.*

Gegen diese fünf Angeklagten, nämlich Reichpietsch, Sachse, Weber, Beckers und Köbis, erkannte das Gericht daher gemäß § 58 Abs. 1 MilStGB. auf Todesstrafe.
Bei dem Angeklagten Fischer nahm das Gericht trotz der Vollendung der kriegsverräterischen Aufstandserregung — denn die Organisation und ihre landesverräterischen Ziele hatten auch auf *Pillau* festen Fuß gefaßt — einen minder schweren Fall an. Fischer war zwar an Bord von *Pillau*, neben anderen, insbesondere durch Anwerben von Mitgliedern für die Organisation und ihre Zwecke eingetreten. Eine weitere Tätigkeit, insbesondere auch eine führende Rolle außerhalb des Schiffes oder bei der Massenentfernung auf *Pillau* war ihm nicht nachzuweisen. Das Gericht erkannte gegen ihn auf 15 Jahre Zuchthaus.
Vollendete kriegsverräterische Aufstandserregung unter Annahme eines minder schweren Falles nahm das Gericht auch bei dem Angeklagten Bräuner von *Kaiserin* an. Die Verhältnisse lagen hier ebenso wie auf *Pillau*, mit dem Unterschied, daß es auf *Kaiserin* zu einem Losschlagen wie auf *Pillau* nicht gekommen ist, sondern vielmehr auf eine Ansprache des Kapitäns Grashoff nach der Verhaftung Webers die Mitgliederlisten vernichtet wurden. Dies kam bei der Strafzumessung gegen Bräuner dadurch zum Ausdruck, daß gegen ihn nicht, wie gegen Fischer, auf 15 Jahre, sondern auf 12 Jahre Zuchthaus erkannt wurde.
Bei den Angeklagten Bieber und Linke von *Helgoland* nahm das Gericht, entsprechend der Anklage, nur versuchte kriegsverräterische Aufstandserregung als vorliegend an. Bieber und Linke hatten in der bezeichneten Versammlung im „Banter Schlüssel“ am 8. August den Anfang gemacht, die Organisation und Ziele der Bewegung auf *Helgoland* zu übertragen. Gemäß angezogener Bestimmungen in Verbindung mit §§ 43, 44 RStGB. verurteilte das Gericht sie zu je 10 Jahren Zuchthaus. Eine weitergehende Milde erschien dem Gericht auch hier keineswegs angebracht.

Außerdem wurden gegen die Angeklagten gemäß § 32 RStGB., §§ 30, 31 MilStB. auf folgende Nebenstrafen erkannt:

Gegen

1. Reichpietsch, Sachse, Weber, Beckers, Köbis
auf Aberkennnung der bürgerlichen Ehrenrechte auf Lebensdauer, Entfernung aus der Marine;

2. Bräuner, Fischer
auf Aberkennung der bürgerlichen Ehrenrechte auf 10 Jahre, Entfernung aus der Marine;

3. Bieber, Linke
auf Aberkennung der bürgerlichen Ehrenrechte auf 5 Jahre, Entfernung aus der Marine.

28. August, 5.05 nachmittags

gez.: Frauen gez.: Sachse
gez.: Weber gez.: Axel Loewe gez.: Köllmann

Wilhelmshaven, den 23. August 1917

Das Gericht befürwortet die Begnadigung der Angeklagten Sachse und Weber.

gez.: Frauen gez.: Sachse
gez.: Weber gez.: Axel Loewe gez.: Köllmann

Den 3. September 1917

Bestätigungsorder

Ich bestätige das Urteil:

1. Bezüglich der Angeklagten Reichpietsch und Köbis unverändert.

2. Die gegen die Angeklagten Sachse, Weber und Beckers erkannte Todesstrafe mildere ich auf Zuchthausstrafe von je 15 — fünfzehn — Jahren.

3. Die gegen die Angeklagten Fischer, Bräuner, Bieber und Linke erkannte Zuchthausstrafe mildere ich bezüglich Fi-

scher und Bräuner auf je 10 — zehn —, bezüglich Bieber und Linke auf je 6 — sechs — Jahre Zuchthaus.

4. Die gegen Sachse, Weber und Beckers erkannte Aberkennung der bürgerlichen Ehrenrechte auf Lebensdauer sowie die gegen Fischer und Bräuner erkannte zeitige Ehrenverluststrafe wird auf die Dauer von je 5 — fünf — Jahren herabgesetzt.

5. Die gegen Bieber und Linke erkannte Ehrenverluststrafe sowie die gegen sämtliche Angeklagte ausgesprochene Entfernung aus der Marine wird unverändert bestätigt.

gez.: Scheer

Die Richtigkeit der Abschrift beglaubigt:

gez.: Martini

Marine-Hilfs-Kriegsgerichtssekretär"

REVOLTE UND REVOLUTION 1918

Monat für Monat des Kriegsjahres 1918 verging. Noch immer nicht kam der erlösende Befehl zum Auslaufen der Hochseeflotte. Die Geschwader lagen weiter in den Heimathäfen. Offiziere und Mannschaften harrten untätig der Dinge, die da kommen sollten, während das Heer an der Front verblutete. Alle Kräfte der Marine waren für den U-Boot-Krieg angespannt. Das Volk war nach vier Jahren Krieg und Entbehrungen müde und sehnte sich nach Frieden. Als dann Anfang Oktober, unter Einfluß der Proklamierung der 10 Punkte des amerikanischen Präsidenten Wilson, das Deutsche Reich die Friedenshand ausstreckte, blieb die psychologische Wirkung auf den Kampfeswillen der deutschen Streitkräfte nicht aus.

Dann legte sich unerwartet die Nachricht von der Einstellung des uneingeschränkten U-Boot-Krieges wie eine unheimliche Flaute lähmend auf die Marine. Durch alle Decks schwirrten wilde Gerüchte. Admiral von Trotha schildert die auf allen Schiffen vorhandene Mißstimmung treffend[35]):

„Noch eben hatte der U-Boot-Krieg im Mittelpunkt des nationalen Kampfes gestanden. Bei uns in der Marine gab es keine Stelle, die nicht täglich empfinden mußte, wie stark die Anforderungen der U-Boote alle Mittel der Marine, personelle und materielle, anspannten. Der siegversprechende U-Boot-Krieg, er mußte alle personellen Nöte, alle Mühe, alle Opfer, alle eintönige Anspannung willig ertragen lassen. Gerade hatte die Marine sich an allen Stellen bereit gemacht, noch weit über das früher für möglich gehaltene Maß hinaus alles herzugeben: Der U-Boot-Krieg verlangt es, dann geht es auch und muß es weitergehen.

Plötzlich trifft die Kunde ein, daß der U-Boot-Krieg, der den

---

[35]) v. Trotha, Zusammenarbeit zwischen Flotte und U-Boot, in: Die Ursachen des Deutschen Zusammenbruchs im Jahre 1918, Berlin **1928, S. 28, 29**

Sieg bringen sollte, der der ganze Stolz war, für den alles arbeitete und nach neuen Kräften suchte, aufgegeben war. Für welchen Preis war denn diese Waffe beiseite gelegt? Diese stärkste Waffe war dem Feind ausgeliefert auf Treu und Glauben ohne irgendein erkennbares Entgelt. Für nichts also die ganzen Opfer, für nichts die ganze Begeisterung, für nichts die endlosen, willig getragenen Opfer im Geleitdienst durch die minengespickte Nordsee, für nichts der eintönige treue Wach- und Deckungsdienst der großen Schiffe weit draußen im Sommer und Winter, Sturm und Regen. Es war also alles falsch gewesen, wofür wir gearbeitet, wofür wir uns voll eingesetzt hatten!

Aber nicht genug damit, es tauchte immer bestimmter das noch unverbürgte Gerücht auf, daß die Marine den Waffenstillstand würde bezahlen müssen, daß U-Boote und Schiffe an den Feind schmachvoll würden auszuliefern sein. Unsere ganze Ehre, all der erworbene Ruhm treuer Kriegszeit sollte auszuliefern sein einem Gegner, der nirgends gesiegt hatte. Und dagegen regte sich ebensowenig wie gegen die Auslieferung des U-Boot-Kriegs oder gegen die unerhörten Antwortnoten aus Amerika irgendein wirksamer Widerspruch. Der Unwillen des Volkes, der an vielen Stellen hervorbrach, zerfloß in sich selbst, weil niemand ihn zusammenfassend anerkannte. Wir nahmen Schmach auf Schmach ruhig hin und man gewöhnte sich daran. Es ging so ja dem gerechten, versöhnlichen Frieden des Völkerbundes entgegen.

War es da ein Wunder, daß auch Treue und Hingabe anfingen irre zu gehen, daß solche Elemente, die auf den Umsturz arbeiteten, ihre Zeit gekommen sehend, Macht gewannen, daß der Offizier den Boden verlor bei seiner eigenen Mannschaft?

Die Marine ist von der verschwenderischen Liebe des Volkes getragen, geschaffen und aufgebaut als äußeres Wahrzeichen deutscher Volkskraft, die in ernster, schwerer Arbeit stark geworden war, hinauszutreten, nicht um die Welt nach englischer Art mit Kampf und Rücksichtslosigkeit sich dienstbar zu machen, sondern friedlichen deutschen Erwerb, deutsches Schaffen und deutsche Kraft hinauszutragen zum Segen für alle.

Die Marine war für die Welt das Symbol deutscher vorwärtsschreitender Kraft.

Im Zusammenbruch gegen den englischen vergiftenden Haß, gegen rücksichtslose englische Unmenschlichkeit, Hetze und Hunger, unbesiegt von den Waffen der ganzen Welt, gab Deutschland den Kampf um seine berechtigte Weltstellung auf und schickte sich an, das Symbol seiner nationalen Stellung in der Welt, die Marine, dem Feind auszuliefern. Ist es so unerklärlich, daß der nationale Halt in dem von umstürzlerischem Treiben unterwühlten Deutschland nun auch bei der Marine zuerst zusammenbrach?"

Auch die Besatzungen der Hochseeflotte ergriff nun die Sehnsucht nach Frieden. „Nach Hause!", war die Losung.

Beklemmend wirkte die Rückkehr der Einheiten aus den geräumten Stützpunkten Ostende und Zeebrügge am 12. Oktober 1918. Die Flandernfront, an der sich Matrosenregimenter hervorragend bewährt hatten, brach zusammen. Dem „stillen, großen Stolz auf die Flotte" wich ein Gefühl der ausweglosen Resignation.

Bis dahin gab es in der Hochseeflotte keine Anzeichen für Unbotmäßigkeiten wie im Sommer 1917. Offensichtlich war keine Forcierung der politischen Wühlarbeit zu merken. Die warnenden Ereignisse des Vorsommers verhinderten das erneute Aufkeimen einer „revolutionären Organisation". Gehorsamsverweigerungen blieben unbekannt. Aber natürlich wurden die politischen Nachrichten in entlegenen Winkeln lang und breit behandelt und trugen dazu bei, eine abermalige Unruhe unter den Besatzungen zu verbreiten. Die alte Wunde des Mißtrauens brach wieder auf.

Da schnappten einzelne Messeläufer am Abend des 28. Oktober verdächtige Wortfetzen von den versammelten, überschwenglich feiernden — und wohl auch in Einzelfällen trunkenen — Offizieren in der Messe auf, und die wachen Matrosen reimten sich zusammen: Klar Schiff für den 30. Oktober! Es soll noch einmal losgehen. — Auf zum letzten Gefecht gegen die englische Flotte. — Ehrenvoller Opfergang, während der Frieden bereits vor der Tür steht! — —

Was steckte hinter den Gerüchten, genährt durch die Prahlerei in den Offiziersmessen?

Die Marineleitung hatte sich der politischen Forderung nach Einstellung des U-Boot-Krieges energisch widersetzt. Vergeblich. Nach Abbruch des Unterwasserkrieges vertrat sie die Auffassung, daß damit die Hochseeflotte ihre volle Aktionsfreiheit wiedererlangt habe. Die verantwortlichen Führer der Kaiserlichen Marine entschieden sich nunmehr für den Einsatz der gesamten Hochseeflotte zur Entlastung der schweren Kämpfe an der Landfront. Mit dem Erfolg des Unternehmens erhofften sie eine spürbare Änderung der Kriegslage und eine positive Wirkung auf das kriegsmüde Volk zu erreichen. Würde dagegen die deutsche Seemacht gegen die englische Flotte im Kampfe unterliegen, so könnte das nicht ohne starke Verluste des Gegners geschehen.

Weder der oberste Kriegsherr noch der Reichskanzler und das Kriegskabinett waren in den Plan eingeweiht und von dem bevorstehenden Unternehmen unterrichtet worden, als die Seekriegsleitung am 24. Oktober 1918 den folgenschweren Angriffsbefehl erteilte[36]).

„Nachrichten vom Feinde: Das Gros der feindlichen Streitkräfte wird in den ostschottischen Häfen vermutet, ein Teil der Streitkräfte in der Themse, am Humber und im Kanal. Eigene Absicht: Der Gegner soll unter für uns günstigen Bedingungen zur Schlacht gestellt werden. Dazu Nachtvorstoß der gesamten Hochseestreitkräfte in den Hoofden; Angriff gegen die Streitkräfte und gegen den Verkehr an der flandrischen Küste und an der Themsemündung.

Durch diesen Stoß soll der Gegner veranlaßt werden, sofort Flottenabteile in der Richtung Verbindungslinie Hoofden — Deutsche Hochseeflotte am Abend des zweiten Operationstages zu stellen.“

Wegen der grundsätzlichen Bedeutung der Zusamenhänge um das Ringen der politischen und militärischen Instanzen in dieser entscheidenden Frage sei ein authentischer Bericht angefügt:[37])

[36]) Ursachen und Folgen vom deutschen Zusammenbruch 1918 und 1945, zweiter Band, S. 502, Dokument Nr. 467

[37]) Ursachen und Folgen vom deutschen Zusammenbruch 1918 und 1945, Dokument Nr. 466

„Aus dem Bericht des Konteradmirals von Levetzow. 19. Oktober 1918.

Gegen 6 Uhr abends ging Admiral Scheer mit Stabschef nochmals zum Kanzler, um dort wenigstens eine Befristung für das Zugeständnis im U-Boot-Krieg zu erwirken, falls wirklich dessen Verknüpfung mit dem Waffenstillstand nicht mehr zu erwirken sein sollte.

Prinz Max von Baden bedauerte, ablehnen zu müssen, irgendwie entgegenkommen zu können: Wir seien nicht in der Lage, Bedingungen stellen zu können. Er beschwor Admiral Scheer, dafür Sorge zu tragen, daß U-Boot-Zwischenfälle, die die Friedensaktion stören könnten, vermieden würden.

Der Admiral entgegnete, er werde sich auf eine Einschränkung des U-Boot-Krieges durch Ausnahmebestimmungen, wie sie die politische Leitung in ihrer Note anböte, aus den bereits dargelegten Gründen nicht einlassen; er werde nunmehr sofort den Befehl erteilen zur völligen Einstellung des U-Boot-Handelskrieges.

Nachdem sich der Kanzler, auf Befragen des Admirals, sehr skeptisch hinsichtlich einer eventuellen Wiederaufnahme des U-Boot-Krieges geäußert hatte, erklärte ihm der Admiral, daß unter diesen Umständen die Hochseeflotte ihre volle operative Freiheit wiedererlange, da durch Einstellung des U-Boot-Handelskrieges die Voraussetzung für die bisherige Bindung der Flotte entfalle.

Mit diesem letzten Versuch, auf die politische Leitung einzuwirken, hielt der Chef des Admiralstabes der Marine seine Aufgabe in Berlin für abgeschlossen.

Als am nächsten Tage, am 21. Oktober, mittags, der Staatssekretär des Auswärtigen Amts, Dr. Solf, auf Befragen telefonisch mitteilte, daß in der vergangenen Nacht die Antwortnote mit dem U-Boot-Passus, in der ihm von dem Kabinett gegebenen bewußten Fassung, ausgegangen sei, erließ der Admiral durch Funkspruch an alle in See befindlichen U-Boote den Rückrufbefehl . . .

Der uneingeschränkte U-Boot-Krieg war zu Ende. Aber die Hochseeflotte war nunmehr ihrer Fessel ledig, sie hatte ihre Freizügigkeit wiedererlangt.

Die für diesen Fall bereits auf der Hinfahrt zu den Berliner Verhandlungen angestellte Überlegung hatte sich inzwischen vertieft und befestigt: Wo auf dem Lande das letzte schwere blutige Ringen unserer Heere sich abspielte, da konnten und durften die Waffen des Seekrieges nicht brachliegen und im besonderen jetzt die Hochseeflotte nicht.
Ein Erfolg zur See würde der Heimat einen mächtigen Impuls geben, ja, möglicherweise noch einen Umschwung der Kriegslage herbeiführen können. Und ungünstig standen die Erfolgsaussichten nicht: Der Flotte standen für den Vorstoß alle durch die Einstellung des U-Boot-Handelskrieges frei werdenden U-Boote — eine große Zahl — zum gleichzeitigen rein militärischen Einsatz — also zur ausschließlichen Verwendung gegen feindliche Kriegsschiffe — zur Verfügung; ein Kräftezuwachs und eine Sicherung für unsere Flotte, eine Gefährdung und Bedrohung der feindlichen Geschwader vor, während und nach der Schlacht, wie sie noch niemals während des Krieges in diesem Ausmaß vorhanden gewesen war; der Engländer wurde überrascht, die Nächte waren lang.
Schlimmstenfalls unterlag die Flotte; dann stand auf Grund aller bisherigen Erfahrungen nach menschlichem Ermessen zu erwarten, daß es nur geschehen konnte unter ungeheurer gleichzeitiger Einbuße auf seiten der englischen Flotte, die auch für die Zukunft ihre Existenz in Frage stellte.
Wie dem auch sei: Der Einsatz der Hochseeflotte in dieser Stunde höchster feindlicher Bedrängnis unseres Vaterlandes blieb eine Lebensfrage für die Marine und eine Ehrenfrage für ihre durch Not und Tod bisher so glänzend bewährten, braven, tapferen, herrlichen Besatzungen — ehe unsere ruhmgekrönte stolze Flotte, die Siegerin in der Skagerrak-Schlacht, ehe sie zum Handelsobjekt in einem schimpflichen Frieden würde, war ihr Einsatz erforderlich. Der verantwortliche Entschluß hierzu war und bleibt richtig.
Admiral Scheer begab sich am Abend ins Große Hauptquartier nach Spa zurück. Der Chef des Stabes der Seekriegsleitung fuhr im Auftrage des Admirals nach Wilhelmshaven zum Kommando der Hochseeflotte. Dort überbrachte am 22. Oktober, 11 Uhr vormittags, Kapitän zur See v. Levetzow, dem Chef der Hochseeflotte, Admiral v. Hipper, den folgenden Befehl der

Seekriegsleitung: „Hochseestreitkräfte sollen zum Angriff und Schlagen gegen englische Flotte eingesetzt werden.“
Sodann referierte Kapitän zur See v. Levetzow dem Flottenchef, in Gegenwart vom Stabschef des Hochseekommandos, Admiral v. Trotha, über den Verlauf und das Ergebnis der Verhandlungen in Berlin vom 16. bis 20. Oktober und wie für die Seekriegsleitung schließlich nichts anderes übriggeblieben sei, als sich zur völligen Einstellung des U-Boot-Krieges zu entschließen.
Auf die Frage des Flottenchefs, wie sich die Seekriegsleitung die Weiterführung des Seekrieges denke, wenn eine dilatorische Antwort Wilsons erfolge, erwiderte Kapitän v. Levetzow, der Kanzler habe die Wiederaufnahme des uneingeschränkten U-Boot-Krieges für äußerst unwahrscheinlich hingestellt. Dies entspräche auch seinem persönlichen Eindruck und dem von Admiral Scheer.
Mit dem Vorgehen der Flotte dürfe daher nicht gezögert werden. Die Seekriegsleitung halte es für unerläßlich, daß die Flotte alsbald zum Endkampf einzusetzen sei.
Seiner Majestät sei gemeldet und dem Kanzler zur Kenntnis gebracht, daß durch Aufhören des U-Boot-Krieges die Flotte in ihrer operativen Verwendung wieder frei sei. Der Obersten Heeresleitung werde Admiral Scheer unmittelbar nach Rückkehr in Spa davon Mitteilung machen; sie habe des öfteren bereits in letzter Zeit einen Vorstoß der Flotte zur Entlastung der Armee gewünscht, was jedoch bisher die Seekriegsleitung mit Rücksicht auf den U-Boot-Krieg habe ablehnen müssen.
Der Chef der Hochseestreitkräfte und sein Chef des Stabes stimmten uneingeschränkt zu: Auch ihrer Ansicht nach sei ein baldiger Zeitpunkt für die Unternehmung erforderlich.
Ebenso herrschte bezüglich des Operationsplanes vollste Übereinstimmung: Zwei Pläne standen zur Beratung; der eine richtete sich gegen die Ostküste von England; der andere gegen den Englischen Kanal mit dem Ziel, die englische Fotte in der Verbindungslinie Hoofden (Höhe von Texel) — Deutsche Bucht zur Schlacht zu zwingen. Es war anzunehmen, daß das Erscheinen der deutschen Flotte im Kanal, verbunden mit einer Beschießung der feindlichen Stellungen bei Ostende durch unsere vorgeschobenen leichten Streitkräfte, besonders wirkungsvoll

sein und die englische Flotte zum Auslaufen aus ihren nördlichen Liegehäfen zwingen würde. Das Zusammentreffen der beiden Flotten in den Hoofden, etwa in der Höhe von Texel, war danach wahrscheinlich und wäre taktisch für uns günstig gewesen.
Diesem Plan wurde daher der Vorzug gegeben.
Hiermit in enger operativer Wechselwirkung stand der gleichzeitige Massenansatz aller nunmehr frei gewordenen U-Boote: durch Staffelung starker U-Boot-Linien in der voraussichtlichen Anmarschrichtung der englischen Flotte, die nunmehr ausschließlich das Ziel der U-Boote bildete.
Als Termin für die Unternehmung wurden die Tage vom 29. Oktober ab vorgesehen, die U-Boot-Linien konnten bis dahin ausgelegt sein.
Für die Unternehmung wurden sämtliche U-Boote dem Kommando der Hochseestreitkräfte unterstellt.
Nachdem schließlich verabredet worden war, daß der endgültige Operationsbefehl für die Unternehmung an die Seekriegsleitung durch Admiralstabsoffiziere überbracht werden sollte, fuhr der Chef des Stabes der Seekriegsleitung abends nach Spa in das Große Hauptquartier zurück.
Als im Großen Hauptquartier am 24. Oktober die Antwortnote des Präsidenten Wilson auf die Note der deutschen Regierung vom 20. Oktober bekannt wurde, begab sich, in Übereinstimmung mit den gleichen Absichten der Obersten Heeresleitung, der Chef des Admiralstabes der Marine mit seinem Stabschef nach Berlin.
Im Zuge am 25. Oktober waren beide Herren vom Feldmarschall v. Hindenburg zu Tisch geladen. Sie hatten dabei erneut Gelegenheit, ihre Ansichten über die Lage auszutauschen. Einmütig war die Ansicht vertreten, daß Wilsons neue Note, soweit sie die Waffenstillstandsverhandlungen betraf, unbedingter Kapitulation von Armee und Marine gleichkäme. In dieser Lage, die unzweifelhaft Seine Majestät den Kaiser und die Regierung von neuem vor schicksalschwere Entschlüsse stellen müßte, hielten es die obersten militärischen Stellen für ihre unabweisbare Pflicht, ihrem Kaiser und dem Kanzler unmittelbar zur Hand zu sein. Es schien ihnen völlig undenkbar, anders als daß nunmehr unsere Regierung auf die unmäßigen und kaum

verhüllten Forderungen Wilsons eine Abweisung erfolgen ließe, die die Ehre des deutschen Volkes und seiner Wehrmacht zur Genüge Rechnung trüge."

In den Augen eines linkssozialistischen Parteipolitikers und Reichstagsabgeordneten wurde der beabsichtigte Flottenvorstoß folgendermaßen qualifiziert:[38])
„Das war Rebellion, offene Meuterei, war Hochverrat gegen die verfassungsmäßige Reichsregierung und gleichzeitig Landesverrat dazu."
Der Vorstoß der Hochseeflotte war für den 30. Oktober vorgesehen. Eine ungewohnte geschäftige Unruhe erfaßte die Besatzungen. Ein Gerücht jagte das andere. Aus den vielen Anzeichen der Vorbereitungen glaubten die Mannschaften Gewißheit für die geplante Aktion entnehmen zu können.
„Der gequälte und denkende Mensch in den Heizern und Matrosen rebellierte nun gegen die Rebellion der Admirale, meuterte gegen die meuternden Offiziere[39])."
Das Verhängnis nahm seinen Lauf, spontan und unaufhaltsam.
Am 29. Oktober 1918 sammeln sich die Geschwader auf Schillig-Reede. Für den nächsten Tag wird „Seeklar" befohlen. Auf *SMS Thüringen* und *SMS Helgoland* kommt es zu den ersten Dienstverweigerungen.
Am Morgen des 30. Oktober wird das Ankerlichten auf *SMS Thüringen* verhindert. Sabotage. Passiver Widerstand durch Zusammenrottungen auf *SMS König, Markgraf, Kronprinz* und *Friedrich der Große.*
Am 31. Oktober beschließen die Matrosen und Heizer von *SMS Friedrich der Große,* die Kohlenübernahme zu verhindern. Erneute Dienstverweigerungen auf mehreren Linienschiffen. Das Kommando sieht sich genötigt, den Seeklarbefehl einstweilen zurückzuziehen und ergreift Maßnahmen, den Widerstand zu brechen. Drei Torpedoboote, ein U-Boot und ein Leichter mit Marineinfanterie ziehen längsseits der nicht einsatzfähigen Linienschiffe und leichten Kreuzer. Auf *SMS Markgraf* und *SMS Thüringen* werden die Meuterer fest-

[38]) Dittmann, a.a.O., S. 93 ff

[39]) Dittmann, ebenda

genommen und an Land gebracht. Dreißig Heizer der *Ostfriesland*, welche die durch die Verhaftungen entstandenen Lükken auf den anderen Schiffen ausfüllen sollen, weigern sich, dem Kommandierungsbefehl nachzukommen. Teile der Besatzung von *SMS Helgoland* veranstalten Kundgebungen aus Solidarität mit den Festgenommenen. Jetzt werden alle Register gezogen, von Maßnahmen des passiven Verhaltens bis zur offenen Auflehnung, bis zum Herausreißen der Feuer aus den Kesseln. Zögernde Unbotmäßigkeiten auf der *Straßburg*, *Moltke*, *Derfflinger*, *Von der Tann*, gingen in aktive Rebellion über.

Wieder einmal zeichnet sich die Besatzung von SMS *Friedrich der Große* unrühmlich aus. Zwar wird entgegen dem gefaßten Beschluß die Kohlenübernahme am Morgen des 1. November widerwillig durchgeführt, die Heizer aber löschen inzwischen die Feuer.

Der Geschwaderchef läßt sich in dieser Situation auf Verhandlungen mit den meuternden Heizern ein und sichert ihnen Straffreiheit zu, wenn sie nur den Dienst wiederaufnehmen würden. Das letzte, große Unternehmen soll um jeden Preis gerettet werden! Die brodelnde Flut ist nicht mehr aufzuhalten.

Deshalb entscheidet sich das Kommando, die vor Wilhelmshaven versammelte deutsche Hochseeflotte nach Geschwadern zu teilen, weil es ihr an Entschlußkraft fehlt, den Keim des Unruheherdes mit scharf zugreifender militärischer Macht zu ersticken. Statt vernünftiger Aufklärung der Besatzungen über den Sinn des geplanten Unternehmens, statt Werbung um Vertrauen — Resignation, Gehenlassen, Abwarten, Hoffen auf Wandlung. „Kommandieren oder Kapitulieren!“ Kein konsequenter Befehl an die Überzahl der Offiziere, Deckoffiziere und der loyalen Mannschaften, dem Spuk ein Ende zu machen. So entsteht abermals der Vorwurf des menschlichen und militärischen Versagens der Seeoffiziere.

Das III. Geschwader erhält Auslaufbefehl nach Kiel, das I. Geschwader nach Brunsbüttel. Offenbar sollten die Geschwaderchefs hierdurch die Möglichkeit erhalten, den Aufstand in den voneinander getrennten Besatzungen niederzuschlagen. Der Flottenvorstoß war damit aufgegeben.

In den frühen Morgenstunden des 31. Oktober machen die Schiffe des III. Geschwaders an ihren Liegeplätzen in Kiel fest. Die Verhafteten werden in die Arrestanstalt an Land gebracht. Eine allgemeine Erbitterung ergreift die Besatzungen; die harten Strafen des Sommers 1917 sind noch in frischer Erinnerung.
Am 1. November versammeln sich Besatzungsangehörige, überwiegend von *SMS Markgraf*, im Kieler Gewerkschaftshaus und beauftragen Delegierte aus ihrer Mitte, die Freilassung ihrer festgenommenen Kameraden zu erwirken. Die Kommandanten lassen die Empörer nicht vor.
Endlich unternimmt das Kommando einen Versuch, einen unzulänglichen Versuch, der Lage Herr zu werden: Ausgangssperre in allen Landeinheiten, verstärkte Streifen in der Stadt und im Hafen, Schließung des Gewerkschaftshauses. Alarmierung der Garnison, Auslaufbefehl für *Markgraf*. Die Maßnahmen sind nicht geeignet, die erbitterten Matrosen einzuschüchtern. Von Mann zu Mann wird die Aufforderung weitergetragen, sich an einer Massenprotestversammlung am Sonntag (3. November) zu beteiligen.
An der Kundgebung auf dem großen Exerzierplatz in Kiel nehmen am Nachmittag etwa 3000 Menschen teil. Unter Einwirkung der vielen Reden über den Frieden und Befreiung der Inhaftierten, formiert sich ein Demonstrationszug durch die Stadt in Richtung der Arrestanstalt in der Feldstraße. Auf dem Weg dorthin dringt man in die geschlossenen Kasernen der Matrosendivision ein und fordert die Soldaten zum Mitmachen auf. An der Ecke Karlstraße und Brunswikerstraße stellt sich plötzlich eine Patrouille, unter Führung eines Leutnants des Seebataillons, dem Demonstrantenhaufen entgegen und eröffnet das Feuer. Die Menge löst sich panikartig auf. Zurück bleiben acht Tote und neunundzwanzig Schwerverletzte. Das war das Signal zur Revolution.
Am 4. November brach der bewaffnete Aufstand los. Am späten Abend wehte auf allen Schiffen der Kaiserlichen Marine die rote Flagge der Revolution (nur ein Seeoffizier trat mit seinem Leben für die Ehre und Unverletzlichkeit der Flagge ein, der Kommandant von *SMS König*, Kapitänleutnant zur See Weniger). Hafen und Stadt befanden sich in der Hand

der revoltierenden Matrosen. Bei ihnen lag jetzt die militärische und zivile Gewalt, repräsentiert durch die gewählten Soldatenräte.
Die leitenden Marinestellen verhandeln, aber handeln nicht. Der Stationschef, Admiral Souchon und der Chef des III. Geschwaders mit seinem Stabe empfangen Abordnungen der Meuternden und nehmen ihre Forderungen entgegen. Das Kommando, aller Waffen und zuverlässiger Marineeinheiten entblößt, stimmt der Freilassung der Inhaftierten zu, veranlaßt die Rückberufung der im Anmarsch auf Kiel befindlichen Heerestruppen. Der Kampf an der „Nordfront" zwischen dem kaisertreuen Heer und der roten Marine findet nicht statt.
Die Anführer der ebenfalls meuternden Torpedodivision überreicht dem Kommandeur ihre Forderungen:

1. Abdankung des Hohenzollernhauses;
2. Aufhebung des Belagerungszustands;
3. Freilassung der Gemaßregelten vom III. Geschwader;
4. Freilassung aller zu Zuchthaus bestraften Kameraden der Matrosenbewegung des Jahres 1917;
5. Freilassung sämtlicher politischer Gefangener;
6. Einführung des allgemeinen und gleichen Wahlrechts für beide Geschlechter.

Die alarmierte Reichsregierung läßt eiligst ein Flugblatt in Kiel verteilen[40]). Die besorgniserregenden Nachrichten von der Küste veranlassen die Regierung, den Staatssekretär Haußmann und den Marinereferenten im Reichstag, Noske[41]) in das Unruhegebiet zu entsenden. Noske vertritt als Reichstagsabgeordneter die Sozialdemokratische Partei; ihm geht der Ruf des besonnenen Vermittlers voraus.
Noske findet in Kiel ein heilloses Durcheinander vor und erkennt sofort die Verwirrung, Desorganisation, die Auflösung von Kommandos und Kommandierten und die Führerlosigkeit der revolutionären Bewegung.
Über Nacht gelingt es dem volkstümlichen und entschlossenen

[40]) siehe Anlagen, Dokumente
[41]) Noske war später Reichswehrminister; siehe Personenregister

Regierungsvertreter, das Ruder an sich zu reißen. Er übernimmt am 5. November den Vorsitz des Soldatenrates und stellt sich somit ordnend an die Spitze der Bewegung, läßt sich am folgenden Tage zum Gouverneur ausrufen. Die revoltierenden Matrosen folgen ihm blindlings, die Gewerkschaften und Werftarbeiter stehen zu ihm. Bewußt sorgt er für die Eindämmung des Einflusses der radikalen USPD-Vertreter auf die führerlose Masse. Der neue Gouverneur setzt die Abgabe der Waffen durch und befiehlt die Wiederaufnahme der Sicherheitspatrouillen durch Flotteneinheiten in der Ostsee.
Prinz Max von Baden, der damalige Reichskanzler, schreibt in seinen Erinnerungen[42]):
„Die Macht war den Marinebehörden entglitten, die Meuterer standen einen Augenblick verdutzt und ratlos vor der geschlagenen Autorität — Führer hatten sie nicht. Als Noske auf dem Bahnhof in Kiel eintraf, empfing ihn großer Jubel ... Da erkannte Noske blitzschnell Chance und Verpflichtung, die seine Volkstümlichkeit ihm gaben."

In der DDR-Geschichtsschreibung heißt es an dieser Stelle[43]):

„Auf Vorschlag Scheidemanns entsandte die Regierung den rechten Sozialdemokraten Gustav Noske in die aufständische Hafenstadt, um die Revolution „zurückzurollen". Noske nutzte die Schwächen der politisch wenig erfahrenen Aufständischen aus, ließ sich zum Vorsitzenden des Soldatenrates wählen und übernahm etwas später auch den Gouverneurposten. In beiden Funktionen rief er dazu auf, „Ruhe und Ordnung" zu bewahren, konnte aber nicht mehr verhindern, daß die Erhebung am nächsten Tage mit Unterstützung der Kieler Matrosen auf Lübeck, Brunsbüttel, Wilhelmshaven, Cuxhaven übergriff, wo Räte gebildet und die reaktionären Offiziere entwaffnet bzw. verhaftet wurden."

Die Revolution kam „blitzschnell, fast unerwartet, mit einem Schlage war sie da und hielt uns alle in ihren Fängen". So urteilt ein Matrose, der dem Reichstag in den zwanziger Jahren

---

[42]) Prinz Max von Baden, Erinnerungen und Dokumente, Berlin und Leipzig 1928, S. 584 ff

[43]) Deutsche Geschichte, Band 3, Berlin (O), 1968, S. 18

als Sachverständiger diente. Bezeichnend für die Mehrzahl der Besatzungsangehörigen ist seine Äußerung: „Die Sache schien interessant zu werden, so zog ich denn meine Sonntagsgarnitur an und ging mit" (zu der Demonstration am 3. November). Dieser sachverständige Matrose, dessen Bericht dem Reichstag eine unentbehrliche Aussage bedeutete, war, wie er berichtet, mit Leib und Seele Marinesoldat, patriotisch eingestellt und blickte mit Stolz und Befriedigung auf seine aktive Dienstzeit zurück („Hochzeit meines Lebens"). Er empörte sich über die Ohnmacht der Offiziere, beklagte die Passivität der Deckoffiziere und Maate in der schweren Stunde der Flotte und schrieb: „... wie tief und breit tatsächlich die Kluft (zwischen Offizieren und Mannschaften) war, so daß es keiner Agitation von außen bedurfte! Unsere herrliche Flotte ist tatsächlich an innerer Fäulnis zusammengebrochen; es ist sicher, daß der Stamm von innen heraus faul wurde, so daß die Agitation von außen einen Boden vorfand, wie sie ihn besser nicht hätte wünschen können." Die ersten Forderungen der Revolution waren nach Darstellung des Berichterstatters die Abschaffung der Grußpflicht, mehr Urlaub, längeres Anlandbleiben[44]).

Die Revolution der Kaiserlichen Marine im Jahre 1918 bedeutete nach einem anderen vom Reichstage bestellten Marinesachverständigen[45]) den „Bruch der Spannungslinie". Nach seiner Auffassung wäre die Revolte der Heizer aufzuhalten gewesen, wenn man energisch durchgegriffen hätte. Es fehlte ihnen die einheitliche Führung. Die Seeoffiziere ließen sich durch das Gespenst der bolschewistischen Revolution lähmen und waren zu keiner Gegenaktion mehr fähig. „Da brachen die Dämme, da war der Zusammenbruch da, kampflos von den höchsten Seeoffizieren zugestanden, ja indirekt verursacht!"[46])

„Nirgends eine Spur von Vorbereitung und Organisation; die ganze Bewegung ein einziger wirrer Haufen."

Dittmann, der in die Meutereien von 1917 verwickelte USPD-Abgeordnete, betrachtete die Entwicklung im Jahre 1918 ähn-

---

[44]) Richard Stumpf, a.a.O., S. 53 ff

[45]) Alboldt, a.a.O., S. 215

[46]) Alboldt, a.a.O., S. 218

lich[47]): „Genau wie die Hungerrevolten von 1917 so ist auch die Rebellion von 1918 nicht in die Marine hineingetragen, sondern aus ihr von innen herausgekommen."

Zwischen der Meuterei des Jahres 1917 und der Revolution im Jahre 1918 gab es keine direkten Verbindungslinien. Wohl war die Erinnerung an die Todesurteile allezeit wach. Die ungünstigen politischen Nachrichten im vierten Kriegsjahre schlugen in die unruhige, untätige Flotte ein.

Kiel kehrte zu einer gewissen Ordnung innerhalb der revolutionären Verhältnisse zurück. Dem zivilen Standortkommandanten gelang die Konsolidierung auf breiter Ebene.

Die beabsichtigte Absperrung des Unruheherdes mißlang jedoch. Die Revolution griff wie ein Feuer auf andere Küstenstädte über; sie wurde von den Fackeln der roten Matrosen weitergetragen.

Am 5. November 1918 — Lübeck, Brunsbüttel;

6. November 1918 — Cuxhaven, Wilhelmshaven, Hamburg, Bremen;

über Hannover, Köln nach Berlin.

Die rote Fahne, zuerst gehißt von meuternden Matrosen der Kaiserlichen Hochseeflotte, weht über ganz Deutschland. — Die Revolution war nicht mehr aufzuhalten.

„Wenn die deutsche revolutionäre Matrosenbewegung im Oktober und November 1918 auch ein Teil der gesamtnationalen Bewegung war, die entscheidende Impulse von der siegreichen proletarischen Revolution in Sowjetrußland empfangen hat, so unterlag sie doch einigen speziellen Bedingungen, wurde ihr Verlauf, vor allem in der ersten Etappe, von den der Kriegsmarine eigenen Verhältnisse mitbestimmt.

Das Beispiel der Matrosen hat auf die deutsche Arbeiterklasse eine bedeutende mobilisierende Wirkung gehabt, und im Norden und Westen Deutschlands haben sie in hohem Maße dazu beigetragen, den Beginn der Revolution zu beschleunigen und so der imperialistischen Kriegsmaschine viele Opfer zu entreißen.

Dem imperialistischen Kriege und den verbrecherischen Plänen der Marineleitung setzten die Matrosen ihren großen revolu-

---

[47]) Dittmann, a.a.O., S. 99

tionären Mut und Elan, die Kraft des kämpfenden Proletariats, entgegen. Neben dieser großartigen Seite der Bewegung konnte jedoch ihre politische Schwäche und organisatorische Unsicherheit in der Darstellung nicht vollständig in den Hintergrund treten, sollte die Notwendigkeit der Verschmelzung von revolutionärer Kraft und politischer Klarheit deutlich werden. Die letzte Ursache der Schwächen der Bewegung war das Fehlen einer marxistisch-leninistischen Kampfpartei, die die Führung der revolutionären Massen hätte übernehmen können. So zeichnen sich in der deutschen Matrosenbewegung des Jahres 1918 Größe und Schwäche der ganzen deutschen revolutionären Bewegung jener Jahre ab, die die objektiven Voraussetzungen für den Sieg der sozialistischen Revolution nicht zu nutzen vermochte."[48])

Das ist ein Urteil aus einem politischen Bereich, in dem meuternde Matrosen revolutionäre Helden und die erschossenen Heizer Märtyrer der Revolution sind.

---

[48]) Kurt Zeisler, Die revolutionäre Matrosenbewegung in Deutschland im Oktober/November 1918, in: Revolutionäre Ereignisse und Probleme in Deutschland während der Periode der Großen Sozialistischen Oktoberrevolution 1917 / 1918, S. 227, 228

NACHWIRKUNGEN

Reichsmarine und Kriegsmarine

Nach dem verlorenen Krieg mußte wieder von vorn begonnen werden.

Noch einmal hatte sich der große, stille Stolz der Besatzungen auf ihre Flotte bewiesen, als Offiziere und Mannschaften bei Scapa Flow die demütigenden Forderungen des Siegers zunichte machten.

In bewundernswerter Weise hielt die Reichsmarine, trotz der ihr auferlegten Beschränkungen an der Tradition der Flotte fest, das Ansehen des Reiches im Ausland durch Ausbildungsreisen zu festigen und die Verbindung zu den Landsleuten in Übersee zu pflegen. Die Reichsmarine konnte es sich leisten, eine gründliche Auswahl der Offiziere und Mannschaften aus dem bewährten Personalbestand der alten Marine vorzunehmen. Sie machte das Beste aus dem, was ihr für den wenigen Schiffsbestand zur Verfügung stand. Ihr kommt das Verdienst zu, den Gedanken der Seegeltung im deutschen Volke wachgehalten zu haben. Entgegen mancher parteipolitischer Gegenströmungen konnte die Reichsmarine den notwendigen Rückhalt im Volke gewinnen, als die Wogen wegen des Baus des ersten Panzerkreuzers im Reichstag hochgingen. Waffen- und schiffstechnisch rang sie dem ehemaligen Gegner die Bewunderung für die Lösung des zugelassenen 10 000-t-Typs, des „Westentaschenkreuzers“ ab.

So konnte die Kriegsmarine, inzwischen ab 1935 in die Wiederaufrüstung des Dritten Reiches einbezogen und zunächst der Fesseln einer bestandsmäßigen Einschränkung ledig — England stimmte im Flottenvertrag vom 18. 6. 1935 einer 35prozentigen Relation gegenüber seiner Seemacht zu —, auf einen gut ausgebildeten Personalstand zurückgreifen.

Bewußt wurde darauf gedrängt, die seemännische und Grundausbildung bereits in den vormilitärischen Raum zu legen. Marine-H.J., Marine-S.A. übernahmen diese Aufgaben und prägten die späteren Marinerekruten im Sinne des Nationalsozialismus. Die Jugend stellte sich gläubig der Kriegsmarine des Großdeutschen Reiches. Ihr fehlte infolge ihrer nationalen Isolierung absolut jegliche Vergleichsmöglichkeit; in die Zeit hineingewachsen, erzogen unter Einfluß eines einseitigen Geschichtsbildes. Eine andere Generation als jene anfangs wohl kriegsbegeisterte, aber zunehmend hervortretende proletarisch-klassenkämpferische Generation im Ersten Weltkrieg.

Trotzdem blieb die Kriegsmarine, ihrem strukturellen, traditionellen Wesen nach, die „Kaiserliche Marine". In dem geflügelten Wort von dem preußischen Heer, der kaiserlichen Marine und der nationalsozialistischen Luftwaffe versteckt sich die in der Marine weit verbreitete innere Distanz gegenüber der allmächtigen Parteidiktatur, das bewährte Konzept der selbständigen Entscheidungsfreiheit der Marineführung in seestrategischen Fragen. In der Tat ist im Kriege überall den Parteifunktionären in blauer Uniform, den vielfach als Sonderführer ausgewiesenen „Möchtegern-Politoffizieren" mit Mißtrauen begegnet worden, und sie sind durch die Eigenart des Bordlebens in ihre Schranken verwiesen worden. Die Kriegsmarine bedurfte nicht der politischen Korsettstangen. Bedingungslos haben die Besatzungen, Mann und Offizier, ihre Aufgaben erfüllt. Es spricht für den ihr selbst innewohnenden Geist, selbst nach der Kapitulation noch mit ihren Kameraden der Handelsmarine unter schwierigsten Umständen in selbstlosem Einsatz den „großen Treck über See" durchgeführt zu haben. Die beispiellose humane Leistung der Kriegsmarine bei der Rückführung der in Ostpreußen eingeschlossenen und bedrohten zivilen Bevölkerung ist einer Seeschlacht würdig.

Das Oberkommando der Kriegsmarine hat die Einheiten im Kriege — U-Boote, S-Boote, Räum- und Minenfahrzeuge, Fährprähme und alle anderen kleineren Schiffstypen sowie die großen Panzerkreuzer und Schlachtschiffe neben den Zerstörern, Blockadebrechern und Hilfskreuzern — an den Feind geschickt. Dem Gegner haben sie ihren gebührenden Respekt abgerungen. Risikoreiche, abenteuerliche Unternehmen — nur einige seien erwähnt: Norwegenbesetzung, Kanaldurchbruch — stehen auf dem Ruhmesblatt der deutschen Marine, den Unternehmen der Kaiserlichen Kriegsflotte ebenbürtig.

Diese Tatsache wird hervorgehoben, weil der zerstörerische Faktor der im Ersten Weltkriege zur Untätigkeit verdammten Großkampfeinheiten während des Zweiten Weltkrieges entfiel. Erkenntnis aus Erfahrung oder Einsicht in die strategische Notwendigkeit?

Die Bordverpflegung war, selbst an den Kriegsverhältnissen gemessen, durchweg gut. Qualitative Abstufungen zwischen Landeinheiten und fahrenden Verbänden und nach Schwierigkeit und Dauer des Einsatzes (U-Boote) wurden allgemein als gerechtfertigt empfunden. Die von der Kaiserlichen Marine übernommenen Messemanieren in der nahezu gleichen Exklusivität erregten bei den Mannschaften wenig Anstoß. Schließlich hatte die Marine den Vorzug, ihre Kasinos mit an die Front zu nehmen. Unverändert gab es auf den „Dickschiffen" unterschiedliche Messen wie zuvor.

Abgemildert und doch spürbar ragte die tonangebende Figur des Seeoffiziers hervor. Mit der zunehmenden Bedeutung der Waffen- und Antriebstechnik und der Vervollkommnung der nautischen Ausrüstung verwischte sich die alte, damals überbetonte Hierarchie. Der I.W.O. und der L.I. genossen allgemein in der Besatzung die gleiche Hochachtung wie der I.O. Gleichwohl gab es wie eh und je, hier und dort, den ausgesprochenen „Schweinehund", den man am liebsten bei geeigneter Gelegenheit hätte über Bord stoßen mögen. In welcher Flotte der Welt gäbe es keine verhaßten Vorgesetzten? Die überkommene Frotzelei zwischen Matrosen und Heizern war nur ein Abglanz der Geringschätzung der hart schuftenden Heizer vor dem Feuer; die technischen Laufbahnen erforderten mittlerweile fachliche Voraussetzungen.

Aufbegehrende Mannschaften hat es in der Kriegsmarine nicht gegeben. Es fehlte der Nährboden für revolutionäre Umtriebe, es fehlte der Ansatzpunkt für den Hebel der Zersetzung, unabhängig von dem unvergleichlich hohen Risiko, das eine Gruppe mit einer Agitation oder gar Aktion hätte tragen müssen.

Fast völlig unbekannt geblieben ist jedoch, daß die Kriegsmarine Einrichtungen besessen hat, die den Erfahrungen aus der düsteren Marinegeschichte der Jahre 1917 und 1918 Rechnung tragen sollten, gewissermaßen Institutionen zur Verhinderung jeglicher Meutereigelüste in der Kriegsmarine.

Am 9. Oktober 1939 wurde die *Kriegssonderabteilung Ost* auf der besetzten Halbinsel Hela aufgestellt. Die Sondereinheit, geführt von Kapitänleutnant M. A. Georg Schneider, unterstand unmittelbar dem Kommandierenden Admiral der Ostseestation. Bereits im Frieden war für Mannschaften während der Erfüllung ihrer zweijährigen Wehrpflicht die Überführung in eine Sonderabteilung (Altenwalde u. a.) vorgesehen, wenn unehrenhafte Handlungen und schwere Verstöße gegen die Manneszucht vorlagen und eine förmliche Verwarnung ohne Erfolg voraufgegangen war.

Im Kriege mußte für den Ausspruch einer förmlichen Verwarnung ein Tatbestand vorliegen, der durch permanente Disziplinarverstöße außerhalb der erforderlichen militärischen Ordnung stand. „Mannschaften ohne Unterschied des Wehrpflichtverhältnisses (aktiv, Reserve, Landwehr), die sich trotz aller disziplinaren Erziehungsmittel nicht in die militärische Zucht und Ordnung fügen, die wiederholt schwer bestraft werden müssen, die schlechten Einfluß auf ihre Kameraden ausüben oder sich auf andere Art und Weise offen oder versteckt gegen die Manneszucht auflehnen, ohne daß ein gerichtlicher Tatbestand vorliegt, sind in der Regel förmlich zu verwarnen, ehe ein Überführungsantrag zur Kriegssonderabteilung gestellt wird ... Beweist der Verwarnte während einer angemessenen Zeit trotz Erschöpfung aller Erziehungsmittel keine ernstliche Besserung oder gefährdet er weiterhin durch sein Verhalten die Manneszucht, so beantragt der Disziplinarvorgesetzte die Überweisung in die Kriegssonderabteilung[49])."

Die schimpfliche Kommandierung zur Kriegssonderabteilung Ost kam als ultima ratio einer letzten Prüfung auf Wehrwürdigkeit gleich.

Der Aufenthalt auf der Halbinsel Hela, verborgen vor der Öffentlichkeit, abgeschlossen von der Umwelt im Sperrgebiet der Dünen, dauerte in der Regel drei Monate unter härtesten Anforderungen. Bestand der Sondersoldat diese Prüfung und überstand er die „Schindergrube von Hela" physisch und psych-

---

[49]) Anlage zu dem Ostseestationstagesbefehl Nr. 257/1939 vom 23. 10. 1939

isch, d. h. war der gute Wille zur Bewährung äußerlich erkennbar — gemessen an seiner Führung und Leistung —, so konnte er an die Truppe zurücküberwiesen werden. Hier, in der Regel auf kleineren Fronteinheiten, mußte der Gemaßregelte ohne Vorurteil aufgenommen werden, um den Erziehungserfolg nicht in Frage zu stellen. War der Erziehungserfolg in der Kriegssonderabteilung nach drei Monaten zweifelhaft, so war eine Verlängerung der Kommandierung um weitere drei Monate in der K. S. A. Ost zulässig.

Kam der Kommandeur der Sonderabteilung jedoch zu der Überzeugung, daß ein Soldat für die Verwendung in der Truppe aus disziplinaren Gründen nicht mehr in Frage käme, so war seine Entlassung wegen „unehrenhafter Handlung oder anderer schwerer Vergehen" aus der Kriegsmarine und die Überweisung in ein Konzentrationslager unausweichlich[50])!

Der Dienst für Sondersoldaten gestaltete sich nach den gesetzten Richtlinien; dem Kommandeur blieb hinsichtlich der Ausführung der Richtlinien eine ausreichende Ermessensspanne.

„a) In der Kriegssonderabteilung sind besonders harte Anforderungen an die Soldaten zu stellen und äußerster Einsatz zu fordern. Der Sinn dieser Anordnung ist, die Soldaten unter Bedingungen zu prüfen, die den Anstrengungen und Entbehrungen eines Soldaten an der Front angenähert sind.

b) Die tägliche Dienstzeit ist nicht beschränkt; dies gilt auch für den Sonntag.

c) Für sämtliche Mannschaften der Kriegssonderabteilung besteht Besoldungsverwaltung. Die nicht ausgezahlten Beträge verfallen bei Überweisung ins Konzentrationslager dem Reich.

d) Das Betreten der Kantine, der Verbrauch von Genußmitteln (Alkohol, Rauchwaren) sind verboten.

e) Standorturlaub (und Urlaub anderer Art) wird nicht erteilt.

f) Als besondere Erziehungsmaßnahmen stehen dem Disziplinarvorgesetzten zur Verfügung: Strafexerzieren bis zu 2 Stunden täglich, Postsperre, Schlafen auf hartem Lager. Diese Maßnahmen gelten nicht als Disziplinarstrafen im Sinne der M. D. St. O.!

---

[50]) Anlage zum O.T.B. Nr. 257/1939 vom 23. 10. 1939

g) Der Disziplinarvorgesetzte kann Ausnahmen zur Ziffer c, d und e bei besonders guter Führung zulassen[51]).“

Offensichtlich wollte man undisziplinierte Marinesoldaten, die oft zugleich wegen ihrer schlechten Beispiele Unruhestifter waren, im Vorfeld einer möglichen Revolte von vornherein isolieren und mit harten Maßnahmen wieder auf den rechten Weg der soldatischen Tugend bringen. Das Rezept dafür bestand in einer gnadenlosen, nicht zu überbietenden Härte an Drill und Schufterei, unter völliger Abgeschiedenheit von der Umwelt, tagein, tagaus, volle drei Monate, in entwürdigender Weise. Mit stummem Groll und mit kalter Verbissenheit auf seiten der Sondersoldaten. Wenn sie dann glücklich dem Schicksal eines Sträflings entrinnen konnten, kamen sie zur Bewährung an die Front, fortan unter kritischer Aufsicht der eingeweihten Vorgesetzten.

Im Sommer 1942 wurde die Kriegssonderabteilung Ost gemäß Ostseestationstagesbefehl Nr. 128 vom 28. Juli 1942 formell aufgelöst. An ihre Stelle traten die *30. und 31. Schiffsstammabteilung.* Zugleich ordnete das Kommando die Aufstellung einer *Marinekompanie bei dem Feldsonderbataillon des Heeres* an, die später die Bezeichnung „Marinefeldsonderkompanie“ erhielt.

Aufgabe und Zweck der neu gebildeten Einheiten wurden kurz und knapp mit der Formel bestimmt:

„Soldaten der Kriegsmarine, deren Verwendung in den Front- und Ersatzeinheiten aus disziplinarischen Gründen unerwünscht ist oder deren Brauchbarkeit für die Truppe geprüft werden soll, sind in die 30. bzw. 31. S. St. A.,

Soldaten, die bei der 30. und 31. S. St. A. nicht mehr zu erziehen sind, in die Marinekompanie des Feldsonderbataillons des Feldheeres zu kommandieren[52]).“

Während die 30. und 31. Schiffsstammabteilungen als „Erziehungseinrichtungen“ gelten sollten, wurde das Feldsonderbataillon als ausgesprochene Strafeinheit angesehen und bewertet, von der es bei Bewährung und glückhaftem Überstehen der Sondereinsätze zwar ein Zurück gab, bei Nichtbewährung — soweit der Dienst in Frontnähe überstanden wurde — war der

---

[51]) a.a.O.

[52]) Anlage zum O.T.B. Nr. 128/1942 vom 28. 7. 1942

Verstoß aus der Wehrmacht und die Übergabe in „Polizeigewahrsam“ (sprich: Übernahme durch den S. D. zur Einlieferung in ein Konzentrationslager) zwingend angeordnet.
Nunmehr verfügte die Kriegsmarine über folgende, nach Härte der Erziehungs- und Strafmaßnahmen abgestufte institutionelle Instanzenwege, um disziplinlose, aufbegehrende und daher für kritische Situationen unzuverlässige Marineangehörige zu brandmarken und auszusondern,

— Kriegsverwarnung
— 30. und 31. Schiffsstammabteilung
— Marinekompanie des Feldsonderbataillons
— Konzentrationslager.

Die Kommandeure der 30. und 31. Schiffsstammabteilung besaßen absolute Disziplinarbefugnisse (gemäß § 18 M.D.St.O.). In der Dienstanweisung für die Bewährungseinheiten heißt es[53]: „Bei hartem militärischen Dienst und stetig steigenden Anforderungen sind der ganze Einsatz und hohe militärische Leistungen von den Soldaten zu fordern. Die Kommandierung darf kein angenehmer Aufenthalt für Drückeberger sein. Zusätzlicher Arbeitsdienst kann aus erzieherischen Gründen angesetzt werden (Straßenbau, Aufräumungsarbeiten u. a.).
In und außer Dienst soll der Soldat Gelegenheit erhalten, zu zeigen, daß er gewillt ist, sich sowohl unter hartem Zwang, als auch da, wo er sich selbst überlassen ist, der militärischen Zucht und Ordnung einzufügen.
Jedem der von den Front- bzw. Ersatzeinheiten kommandierten Soldaten ist durch einen Offizier (möglichst durch den Kompaniechef) beim Kommandoantritt zum Bewußtsein zu bringen, daß er seine Entfernung aus der Front selbst verschuldet und nur noch die Wahl hat zwischen der Bewährung bei der Abteilung oder der schimpflichen Kommandierung zum Feldsonderbataillon, wenn er nicht sofort als ordentlicher Soldat seine Pflicht dem Vaterland gegenüber erfüllt. Die aus den Wehrmachtstrafanstalten kommandierten Soldaten sind darüber zu belehren, daß sie sich nur durch bedingungslosen Einsatz von dem Makel der Gefängnisstrafe befreien können, und

[53]) O.T.B. Nr. 128/1942

daß ihnen der Dienst in der 30. und 31. S.St.A. den Übergang zur Truppe erleichtern soll.

Den Kommandierten ist gleichzeitig zu eröffnen, daß sie mit dem Dienstantritt bei der Abteilung als „förmlich verwarnt" gelten, daß also im Falle einer notwendig werdenden Kommandierung zur Marinekompanie des Feldsonderbataillons eine besondere vorherige förmliche Verwarnung nicht mehr erfolgt. Nichtbewährung auch im Feldsonderbataillon hat die Überführung in Polizeigewahrsam (K. Z.) zur Folge.

Die kommandierten Soldaten der 30. und 31. S.St.A. sind besonders darauf hinzuweisen, daß sie bei gerichtlich zu ahndenden Handlungen zum mindesten mit Verwahrung im Feldstraflager zu rechnen haben, sofern nicht auf Todes- oder Zuchthausstrafe erkannt wird.

Der Gedanke der Selbsterziehung und einer durch gegenseitiges Verantwortungsbewußtsein getragenen Gemeinschaft ist zu wecken und zu vertiefen ...

Für den Innen- und Außendienst sind die Mannschaften innerhalb der Kompanie in Züge und Gruppen einzuteilen und Leistungsklassen zu bilden. Die Zusammensetzung der Gruppen und Züge richtet sich nach dem Stande der Ausbildung und nach Leistungs- und Ausbildungsklassen.

Orden, Ehrenzeichen und Kriegsabzeichen sind innerhalb des militärischen Dienstbetriebes nicht zu tragen.

In der Regel kommt jeder Soldat in die untere Leistungsklasse und hat die Möglichkeit, sich zur oberen Leistungsklasse hochzuarbeiten.

In der unteren Leistungsklasse sind die aus den Wehrmachtsstrafanstalten tunlichst von den von den Front- und Ersatzeinheiten Kommandierten zu trennen.

Bewährung in der oberen Leistungsklasse ist Voraussetzung für Rückkommandierung zur Truppe.

Die Ausbildung erfolgt unter Zugrundelegung der Rekrutenausbildungspläne. Soweit die Ansetzung von Arbeitsdienst aus erzieherischen Gründen erforderlich ist, ist die Arbeitszeit im allgemeinen auf 12 Stunden wöchentlich zu beschränken und die militärische Ausbildung nicht zu schmälern.

Der Dienst ist unerbittlich ernst. Straffe Zucht, schonungslose

Härte und unnachsichtige Forderung bedingungsloser Ein- und Unterordnung geben ihm sein besonderes Gepräge ..."

Im einzelnen bezogen sich die Kommandierungsverfügungen zu den Bewährungsabteilungen auf nachstehend gekennzeichnete Soldaten[54]):

„1. Soldaten, die aus Wehrmachtstrafanstalten nach völliger Strafverbüßung zurückkehren und auf Grund ihrer Führung, ihrer Straftat und des Strafmaßes nach Entscheidung des 2. Admirals noch nicht der Front zugemutet werden können.

Die Gerichtsherren haben bei Gefängnisstrafen gegen Mannschaften (einschließlich der zum Rangverlust verurteilten Offiziere und Unteroffiziere) bis zu 6 Monaten sofort nach der Urteilsbestätigung Abschrift des Urteils und der Urteilsbegründung mit einer kurzen Stellungnahme über die zukünftige Verwendung des Soldaten (Front- und Ersatzeinheiten — 30. und 31. S.St.A. — oder Feldsonderbataillon) an die 2. Admirale zu geben ...

2. Soldaten der Front- und Ersatzeinheiten, die sich in minder schweren Fällen trotz Anwendung aller Erziehungs- und Disziplinarmittel der militärischen Zucht und Ordnung nicht fügen und nach erfolgter förmlicher Verwarnung erneut disziplinar bestraft werden mußten. In Ausnahmefällen kann auch die Kommandierung ohne vorher erfolgte förmliche Verwarnung erfolgen ...

3. Soldaten, die sich beim Feldsonderbataillon bewährt haben.

4. Soldaten, die nach Strafverbüßung unmittelbar an die Front kommandiert wurden und sich dort nicht bewährt haben.

5. Wehrpflichtige (gediente und ungediente), falls ihre Kommandierung zu einer Einheit der Kriegsmarine auf Grund von Vorstrafen nicht zweckmäßig erscheint ...

Grundsätzlich nicht kommandiert werden dürfen mit Gefängnis bestrafte Soldaten, wenn die Gerichtsherren oder höheren Befehlshaber völlige oder teilweise Strafaussetzung angeordnet haben, wenn die Soldaten auf Grund ihrer bisherigen Führung, der Straftat, des Strafmaßes und ihrer Beurteilung in den Wehrmachtstrafanstalten der Front zugemutet werden können,

---

[54]) a.a.O.

z. B. Bestrafung wegen Fahrlässigkeitsdelikten, einmaliger Versager u. a."
Im Gegensatz zu der geregelten Aufenthaltsdauer in der Kriegssonderabteilung Ost von grundsätzlich 3 Monaten, hing die Dauer des Kommandos in der 30./31. S.St.A. „von der Bewährung" ab, jedoch war spätestens nach 6 Monaten zu entscheiden, ob der deklassierte Soldat zu der Truppe zurückversetzt werden konnte. Im Frontdienst selbst waren die äußerlich rehabilitierten Marinesoldaten keinesfalls in Sonderstellungen, wie als Koch oder Postordonnanz, in der Waffenkammer oder in der Schreibstube, einzusetzen.
Für den Dienst in der *Marinekompanie des Feldsonderbataillons* wurden folgende Maßstäbe gesetzt[55]):
„Der Dienst im Feldsonderbataillon ist ein schwerer und harter. Dauer täglich mindestens 10 Stunden, Sonn- und Feiertage mindestens 4 Stunden Arbeitsdienst.
Die Arbeit muß gefährlich und besonders schwer körperlich sein (Minenaufräumen, Blindgänger beseitigen, Leichenumbettung u. ä.). Deshalb Einsatzmöglichkeit im unmittelbaren Gefahrenbereich, d. h. nicht weiter als 25 km hinter der Front oder an sonstigen stark gefährdeten Stellen.
Ausbildung mit der Waffe erfolgt nicht. Soweit möglich, ist vor und nach dem Arbeitsdienst kurzes, aber straffes Exerzieren durchzuführen.
Verstößen gegen die Zucht und Ordnung ist mit äußerster Strenge entgegenzutreten. Auch Waffengebrauch darf nicht gescheut werden. Als Arreststrafe ist vorwiegend strenger Arrest zu verhängen. Während der Freizeit nach dem Dienst Aufenthalt in den Unterkünften unter Aufsicht. Mit Einbruch der Dunkelheit Zapfenstreich, soweit kein Dienst.
Urlaub wird nicht gewährt, Sonderurlaub nach den allgemeinen Bestimmungen, in Ausnahmefällen bei guter Führung."
Für die Kommandierung in die Strafkompanie der Kriegsmarine waren bestimmte Voraussetzungen geboten[56]):
„1. Soldaten, die nach Verbüßung ihrer Freiheitsstrafen bereits von den Vorgesetzten der Wehrmachtstrafanstalten als für die

---

[55]) a.a.O.
[56]) a.a.O.

Front ungeeignet, aber als noch erziehbar bezeichnet sind ... (Es handelt sich um solche Soldaten, die bisher auf Antrag der Wehrmachtstrafanstalten zur Kriegssonderabteilung der Kriegsmarine kommandiert wurden);

2. Soldaten, die in der 30. bzw. 31. S.St.A. versagt bzw. sich nicht bewährt haben;

3. Soldaten der Front- und Ersatzeinheiten, die in schweren Fällen durch disziplinarische Maßnahmen bei der Kriegsmarine nicht mehr zu erziehen sind, nach erfolgter förmlicher Verwarnung erneut straffällig geworden sind und eine besondere Gefahr für die Manneszucht der Einheit bedeuten;

4. Soldaten, die sich nach Rückkommandierung aus der 30. bzw. 31. S.St.A. an der Front nicht bewährt haben und erneut ernstlich straffällig wurden."

Wegen des schimpflichen Charakters einer Kommandierung zu der Marinekompanie des Feldsonderbataillons durften die Angehörigen dieser Einheit keine Hoheitsabzeichen, Reichskokarde, Kragenpatten, Schulterklappen, Orden und Ehrenzeichen tragen.

Die Dauer des Kommandos betrug im allgemeinen vier Monate. Hernach wurde die Rückkommandierung an die 30. bzw. 31. S.St.A. verfügt oder aber endgültig der Ausstoß aus der Kriegsmarine vollzogen. — Unehrenhafte Entlassung aus dem Wehrdienst, Übergabe an die Organe des Sicherheits-Dienstes, Konzentrationslager. —

Die Frage sei angebracht, ob es den verantwortlichen Kommandos der Kaiserlichen Marine gelungen wäre, die in den Kriegsjahren 1917 und 1918 aufgetretenen Unbotmäßigkeiten und Meutereien von vornherein zu verhindern, wenn sie, wie die Führer der Kriegsmarine, von Anbeginn an schonungslos und unerbittlich jene negative Auslese getroffen hätten, um jeglichen verdeckten oder offenen Widerstand in der Flotte im Keime zu ersticken. Diese spekulative Frage ist sicherlich angesichts der in den beiden Epochen grundverschiedenen Einflußfaktoren poltischer, militärischer und psychologischer Art sehr schwierig zu beantworten. Dennoch bleibt die Feststellung gewichtig genug, daß in der Regel einzelne, außerhalb der allgemeinen Disziplin und Ordnung stehende Soldaten den verborgenen Unruheherd ihrer Einheit bilden, die dann in kritischen Lagen wegen ihres ständig aufbegehrenden „Heldentums" gegen die Vorgesetzten (im Urteil der Mannschaft) zu Wort- und Rädelsführern der Unzufriedenen und Kleinmütigen werden können. Es bleibt freilich auch das ungleich schwierigere Problem des rechten Maßes und der angemessenen Auswahl der zeitgerechten Mittel im Zusammenhang mit der Isolierung der permanenten Unruhestifter zu lösen.

Volksmarine — Vermächtnis der revolutionären Matrosen

Daß heute in der Tat zwei deutsche Marinen existieren, erfüllt die gesamte Bevölkerung mit Unbehagen und Trauer. Die Vorstellung, deutsche Seeleute könnten auf deutsche Seeleute schießen — weil es das Gesetz befehlen würde — beschleicht hüben und auch sicherlich drüben die Besatzungen der kleinen Flotten, die leeseitig im Schutz der jeweiligen Seemächte unter verschiedenen Flaggen fahren; die eine auf Vorposten der anglo-amerikanischen Hochseeflotte, die andere auf Ausguck der Baltischen Rotbannerflotte. Die eine als Bundesmarine, traditionsgebunden im Geiste alter Seegeltung, die andere äußerlich traditionsbewußt im Sinne der revolutionären Matrosen von Kiel, im Namen anknüpfend an die Volksmarinedivision im Berliner Revolutionskampf. Es ist deshalb nicht verwunderlich, wenn dort die Ereignisse der Jahre 1917/18 allgemein glorifiziert und die Rädelsführer der Meutereien auf den Sockel gehoben werden. In Stralsund steht das Denkmal von Reichpietsch und Köbis, der Märtyrer der revolutionären Erhebung. Ehemalige rote Matrosen genießen in der DDR nationale Bewunderung.
Karl Beier, Vorsitzender des Arbeiter- und Soldatenrates in Cuxhaven im Revolutionsjahr 1918, heute „Arbeiterveteran" in Berlin, äußert sich in einem Interview vom 18. Oktober 1968 auf die Frage, was vor 50 Jahren einen Revolutionär ausmachte und was es heute heißt, revolutionär zu sein[57]):

---

[57]) Karl Beier, in „Tribüne", Berlin (O) vom 18. 10. 1968

„Vielleicht kann ich euch das durch meine Erlebnisse deutlich machen. Vom Sozialismus wußte ich in den Jahren des ersten Weltkrieges noch herzlich wenig. Ich kannte ihn nur aus Büchern, vom Erzählen. Durch die Ereignisse im damaligen Petrograd war er allerdings nähergerückt. Und ich begriff, daß auch in Deutschland viel verändert werden mußte. Den Krieg beenden und die Monarchie stürzen, erschien mir das Nächstliegende. Die Bevölkerung war vom Kriegstaumel geheilt und wollte Frieden und Brot. Aber vom guten Willen allein kommt kein Frieden ins Land und kein Brot auf den Tisch.
Ich erlebte die Kriegsjahre in Cuxhaven und hatte viele Gleichgesinnte gefunden. Unseren Feind, den Imperialismus, kannten wir. Wie aber sollten wir ihn beseitigen?
Es erfüllt uns mit Freude und Stolz, daß das revolutionäre Vermächtnis von 1918 in unserer Republik erfüllt worden ist. Aber über die Freude darüber dürfen wir eines nicht vergessen. Der westdeutsche Imperialismus steht dem amerikanischen mit seiner Globalstrategie in keiner Weise nach. Vor dieser Gefahr dürfen wir nicht die Augen verschließen. Wir müssen unsere Republik stark machen. Ökonomisch und auch militärisch. Deshalb meine Bitte an euch: Lernt das Waffenhandwerk gut beherrschen!"
Wie die Volksmarine selbst ihren ideologischen und militärischen Auftrag im Rahmen der sozialistischen Kriegsflotten im Ostseeraum sieht, wird an einem Aufsatz deutlich, der wegen seiner hier vertretenen allgemein gültigen Konzeption in Auszügen wiedergegeben wird[58]):
„Einige Gedanken zu den Beziehungen zwischen unserer Armee und unserer Industrie sind gegenwärtig mehr denn je notwendig; da die Aggressivität der westdeutschen Militaristen und Revanchisten bereits wie eine äußerste Gefahr für das deutsche Volk und alle anderen Völker Europas, ja sogar der ganzen Welt, darstellt. Schutz unserer Errungenschaften und unserer sozialistischen Heimat, unser Anteil am Schutz der Westgrenze des sozialistischen Lagers — das sind die Hauptaufgaben unserer Nationalen Volksarmee als Teil des großen sozialistischen

---

[58]) Korvettenkapitän Ing. Laue, 10 Jahre Volksmarine, in: Schiffsbautechnik, Berlin (O), März 1966, S. 119 ff

Militärbündnisses. Sicherung der DDR vor Angriffen der westdeutschen Bundesmarine und anderer NATO-Flottenkräfte von der Seeseite ist die spezielle und wichtigste Aufgabe der Volksmarine unserer Nationalen Volksarmee. Wir sollten in diesen Tagen und immer daran denken, daß die Volksmarine die am weitesten nach Westen vorgeschobene Flotte der im festen Kampfbündnis des Warschauer Vertrages vereinten drei sozialistischen Flotten im Ostseeraum ist. Tägliches unmittelbares Gegenüberstehen ihrer Kräfte mit den der westdeuschen Bundesmarine im freien Seeraum der Ostsee einerseits und die Tatsache, daß eine Großwerft wie der VEB Mathias-Thesen-Werft, Wismar, keine 50 km Luftlinie vom östlichen Stützpunkt der Bundesmarine entfernt liegt, führen uns vor Augen, welche Verantwortung auf jedem Angehörigen der Volksmarine liegt. Im Rahmen dieser Hauptaufgabe erfüllen die Einheiten Aufgaben im ständigen Zusammenwirken mit der Baltischen Rotbannerflotte und der Polnischen Seekriegsflotte.
Die gegenwärtige Lage mit der immer mehr wachsenden Aggressivität der westdeutschen Imperialisten fordert von uns, die hier im bescheidenen Umfang dargelegten Gedanken nicht nur als rein technische oder ökonomische Probleme, sondern in erster Linie als ideologisches Problem zu betrachten. Technisch-ökonomische Exaktheit und ideologische Klarheit, gepaart mit gründlicher Ausbildung und sozialistischer Erziehung aller Angehörigen der Volksmarine geben letztlich die Gewähr, daß es nie jemandem gelingen wird, die dem Frieden aller Menschen dienende Arbeit unserer Werktätigen von der Seegrenze der Deutschen Demokratischen Republik her zu stören."

Üblicherweise wird die Volksmarine der DDR nur nach einem Gesichtspunkt bewertet und beurteilt, dem Potential ihrer modernen Schiffe und Waffentechnik. Ergänzend werden dann noch — zumeist verbrämte — politische Berichte herangezogen, um eine annähernd zutreffende Aussage über den Geist und die Schlagkraft eines möglichen Gegners zu gewinnen. Es ist auch nichts damit gewonnen, einen an sich technischen Bericht, wie den voraufgegangenen, zur Grundlage eines Urteils zu machen, dessen Autor natürlich zugleich das „ideologische Soll" zu erfüllen hat.

Einen ernsthaften Aussagewert vermitteln dagegen Verlautbarungen der militärischen und der politischen Marineführung, die in Truppenzeitschriften publiziert werden und als Maßstäbe für die Truppe gesetzt werden. Macht man sich die Mühe, die darin enthaltenen Kernsätze und die grundsätzlichen Stellungnahmen zu einem Bild zusammenzusetzen, so erhält man zusätzlich eine ungefähre Übersicht von dem anderen Geist einer anderen Marinetruppe, die im ersten Anschein nur noch die Sprache und die Liebe zur See mit uns gemeinsam zu besitzen scheint. Was hiermit zunächst nur angedeutet werden soll, wird deutlich, wenn der Versuch eines Querschnitts durch maßgebliche Lehrsätze und typische Eigenberichte der Volksmarine unternommen wird. Zweifellos muß dieser Versuch unzulänglich bleiben, er hat aber den Vorteil, mehr auszusagen als Vermutungen, Spekulationen und Fehleinschätzungen, so lückenhaft das Ergebnis auch bleiben mag.

Admiral Waldemar Verner[59]), Chef der Politischen Hauptverwaltung der Nationalen Volksarmee:

„Angesichts der Tatsache, daß die Vervollkommnung des Systems der Aus- und Weiterbildung der Offiziere in erster Linie ein ideologischer Prozeß ist, fordere ich nachdrücklich, an der Verwirklichung der Beschlüsse des 9. Plenums des Z.K. der SED zu arbeiten.
Nur durch die Kraft der Parteiorganisationen können wir Mittelmäßigkeit, Subjektivismus und Selbstzufriedenheit in der Bildung, Erziehung und Forschung überwinden und eine ständige Überlegenheit über den Gegner auf diesem Gebiet garantieren. Es genügt heute weniger denn je, nur in den objektiven Grundlagen und den Potenzen der sozialistischen Gesellschaft und ihrer Armee dem Gegner überlegen zu sein. Die militärische Überlegenheit ist keine ein für allemal gegebene Größe. Sie wird in einem dynamischen Prozeß stets aufs neue errungen und muß sich im Ausbildungsergebnis, in der politisch-moralischen Standhaftigkeit der Armeeangehörigen, in der Qualität der Kader, im Kampfwert und in der Gefechtsbereitschaft niederschlagen."

---

[59]) in Volksarmee Nr. 51/1968; siehe Personenregister

Armeegeneral Heinz Hoffmann[60]):

„Unsere Partei richtete ihr Hauptaugenmerk stets darauf, den proletarischen Klassencharakter des Offizierskorps, sein Klassenbewußtsein und seine Ergebenheit zur Partei zu festigen."

Ein Volksarmee-Korrespondent[61]):

„Geschafft! Ein freudiges Lächeln umspielte die Lippen der Männer um Oberleutnant Zimmer, Kommandant des Raketenschnellbootes *Max Reichpietsch*, als sie von der Auszeichnung als „Bestes Boot" erfuhren.
Selbstverständlich hatten sie sich zu Beginn der Aktion „Roter Kampfwagen" sogleich dem sozialistischen Wettbewerb angeschlossen. Und trotzdem, jeder spürte, diesmal ging es um mehr als nur um gute Leistungen. Sie wollten Schrittmacher sein, um sich des ruhmvollen Kämpfers der deutschen Arbeiterklasse würdig zu erweisen, dessen Name ihr Boot trägt. Über das Kampfprogramm war man sich schnell einig geworden. Die straffe Leitung des Kommandanten, die hohen Forderungen der GA-Kommandeure und die aktive Mitarbeit jedes Matrosen führten zu Erfolgen. Das Boot erhielt mit der Besatzungsauszeichnung das Leistungsabzeichen der NVA durch den Chef der Volksmarine überreicht. 15 Genossen und drei GA-Kollektive wurden gleichfalls als Beste geehrt."

Ein Berichterstatter[62]):

„Zu Ehren des 20. Jahrestages der DDR haben die Offiziersschüler des 4. Lehrjahres die Absolventenlehrgänge der Offiziersschulen „Ernst Thälmann", „Franz Mehring" und „Rosa Luxemburg" zum Wettbewerb um die besten Ausbildungsergebnisse aufgerufen. Die Ziele:
— Abschlußnote „gut"
— Erringen des Titels „Bester Lehrgang"
— Erwerb des Abzeichens „Für Gutes Wissen" in Gold durch alle Genossen.

---

[60]) in Volksarmee Nr. 51/1968
[61]) in Volksarmee Nr. 45/1968
[62]) ebenda

Die gesamte komplizierte Ausbildungsbasis der Schule wurde in freiwilliger Arbeit der Lehroffiziere und Offiziersschüler geschaffen, die auch ständig für die Komplettierung und Modernisierung sorgen. Einige der wertvollsten Neuerervorschläge: ein Schiffssicherungskabinett, eine Übungsanlage zum Torpedoschießen, eine Übungsanlage zum Werfen reaktiver Wasserbomben.
Mehrere Arbeitskollektive der Schule, die vor allem aus zivilen Mitarbeitern bestehen, tragen den Staatstitel „Kollektiv der sozialistischen Arbeit“, darunter der Lehrstuhl „Ingenieur-technische Grundlagen“, die Abteilung Vervielfältigung und das Kollektiv des medizinischen Dienstes.
Die jährlichen „Wochen der Waffenbrüderschaft“ sind Höhepunkte der Öffentlichkeitsarbeit. Ein sehr enger Arbeitskontakt besteht mit der Höheren Seeoffiziersschule „Frunse“ in Leningrad und mit der Offiziershochschule der polnischen Seekriegsflotte „Helden der Westerplatte“.
Zur militärpolitischen Öffentlichkeitsarbeit in Stralsund tragen viele Offiziere und Offiziersschüler bei. Sie gestalten Vorbereitungsstunden für die Jugendweihe, leiten Zirkel junger Sozialisten und betreuen den „Klub junger Matrosen“ auf dem Pionierschiff *Patriot*. Besonders bewährt hat sich die feste Arbeitsvereinbarung zwischen dem Kommandeur und dem Direktor der Lambert-Steinwich-Oberschule, in der u. a. die militärpolitische Schulung der Reservisten unter den Lehrern sowie militärpolitische Vorträge zur Vorbereitung der Schüler aus den Klassen 8 bis 10 auf den Wehrdienst fixiert sind.
Den Forschungsauftrag, die Geschichte der „Roten Marine“ (Sektion des Roten Frontkämpferbundes) zu untersuchen, hat ein Kollektiv von Lehroffizieren übernommen. Es richtet folgende Fragen an alle Leser:
Wer kennt Augenzeugen vom Besuch des legendären Kreuzers *Aurora* vom 18. bis 21. August 1929 in Swinemünde? Wer kann Angaben machen über die damaligen Verbrüderungen zwischen den sowjetischen Matrosen und deutschen Arbeitern?“

Interview Major W. Göldner — Oberleutnant z. S. Horst Gündel[63]):

„Oberleutnant Gündel, Sie hatten im Ausbildungsjahr 1967/68 zwei Besatzungskollektive zu formieren und auszubilden. Wenn Sie auf die Ergebnisse der kollektiven Erziehung zurückblicken, welche Erfolge erfüllen Sie dabei mit besonderer Genugtuung?"
„Ich möchte nicht mit Zahlen und Statistiken aufwarten. Ich möchte bei zwei Resultaten bleiben. Das erste: Es gelang dem Besatzungskollektiv, den Stabsmatrosen Weindorn, der über zweieinhalb Jahre seiner Dienstzeit Schwierigkeiten gehabt hatte, seine eigenen Interessen denen des Kollektivs anzupassen und unterzuordnen, im letzten halben Jahr so radikal „umzukrempeln", daß er beim Ausscheiden aus dem aktiven Dienst zu Recht das Bestenabzeichen erhalten konnte. Das zweite: Es wuchs ein Unteroffizierskollektiv heran, das als Stamm auf dem Boot verblieb und jetzt den festen, aktiven Kern des Besatzungskollektivs bildet. Ich möchte hier Namen nennen wie Meister Proksch, Meister Jeschke, Maat Kremer, Maat Huhnke — auch Obermaat Bruchmann. Ein paar Worte nur zu dem Erfahrensten unter ihnen, zum Meister Jeschke, unserem I WI. Er ist das Beispiel eines Schrittmachers. Sein Gefechtsabschnitt schaffte in Rekordzeit die Betriebsberechtigung, und unser Boot konnte lange vor dem festgesetzten Termin die Ablegebereitschaft melden. Meister Jeschke hat in diesem Jahr die Klassifikation Stufe I erworben. Aber das ist nur die eine Seite. Fachliches Wissen und Können und die systematische Erziehungsarbeit mit den Genossen seines Kollektivs bilden bei ihm die angestrebte ideale Einheit. Gestützt auf den Kollektivkern, der aus solchen Genossen wie Meister Jeschke besteht, bereichert durch die Erfahrungen des ersten Ausbildungshalbjahres, erscheint mir die Arbeit mit dem Kollektiv im zweiten Halbjahr natürlich unkomplizierter."
„Trauen Sie sich zu, eine Art kategorischen Imperativ für die Kommandeure zu formulieren, der absolut gültig ist, wenn man das Kampfkollektiv zum Erfolg führen will?"
„Das ist nicht einfach, weil der Erfolg von vielen Komponen-

[63]) in Volksarmee Nr. 49/1968

ten bedingt wird... Aber vielleicht so: Man muß stets so handeln und alle Mittel dafür einsetzen, daß jedes Mitglied des Kampfkollektivs jede vor der Gesamtheit stehende Aufgabe als seine eigene Aufgabe begreift — wobei „Aufgabe" hier für Klassenpflicht, Kampfauftrag usw. gesetzt ist; und „begreifen" für das bewußtseinsmäßige Erfassen der militärischen Verantwortung steht. Solche Grundsätze lassen sich am besten durch Beipiele erläutern...
Ein für uns sehr aktuelles Beispiel, das den Nachteil — oder Vorteil? — hat, nicht unmittelbar mit der seemännischen Ausbildung zu tun zu haben: Vor uns liegt der Härtetest als Prüfung für die Geschlossenheit des Kampfkollektivs unter Bedingungen der außergewöhnlichen physischen Belastung. Hier ergibt sich wiederum die Aufgabe für den Kern des Kollektivs, Klarheit bei allen darüber zu schaffen, daß jeder von uns mitentscheidet, wie die Besatzung als Ganzes abschneidet. Dieses ideologische Modell, wenn ich es so bezeichnen darf, wurde exakt in einer Besprechung festgelegt, an der Offiziere, Unteroffiziere und die FDJ-Leitung teilnahmen. Nach einer gewissen Zeit, die der individuellen Arbeit und der mündlichen Agitation vorbehalten war, wurde eine Dienstversammlung einberufen. Hier stand zuächst der „Fahrplan" für den Härtetest zur Debatte: Ablauf, Normen, Zeiten. Dann folgten Warnungen vor den nicht allen bekannten tückischen Kleinigkeiten, an denen manchmal alles scheitern kann. Und schließlich wurde die Frage aufgeworfen, ob das Kampfkollektiv bereit ist, die Prüfung seiner Geschlossenheit in Ehren zu bestehen."
„Das war doch wohl mehr eine rhetorische Frage."
„Möglich, aber sie hatte ihre Berechtigung, weil die Antwort darauf ein kollektives Versprechen darstellt, über das von jedem zu gegebener Zeit Rechenschaft gefordert wird. Wie ernst das Versprechen genommen wird, zeigte sich in der folgenden Aussprache. Da gab es wertvolle Vorschläge zur Lauftaktik, spontane Bereitschaftserklärungen von „Schleppern", die sich um schwächere Genossen kümmern wollen — kurzum, es wurde deutlich, daß jeder Genosse die Prüfung des Kollektivs zugleich als Prüfung seiner selbst begriff, deren Ausgang er verantwortlich mitzuplanen und mitzuentscheiden hat. Die Vorgeschichte des Härtetests ist natürlich nur ein Beispiel von vielen, aber es

ist zeitlich aktuell und vermag vielleicht den Grundsatz, den ich vorhin erwähnte, zu erläutern."

„Es ist ein Beispiel, das sich verallgemeinern läßt. Darin besteht sein Wert. Genosse Oberleutnant, wir danken Ihnen für das aufschlußreiche Gespräch."

Die Besatzung eines Raketenschnellbootes[64]):

„Als in der dritten Aprilwoche feststand, die Besatzung des Raketenschnellbootes *Fritz Gast* hat alle Bedingungen für die Bestenauszeichnung erfüllt, beriet das Mitglied der Parteileitung der Abteilung und Kommandant Oberleutnant zur See Lau mit den Genossen der FDJ-Leitung seines Bootes Probleme des 2. Ausbildungshalbjahres. In der später folgenden FDJ-Versammlung wurden die Maßstäbe sichtbar: die Note Eins im Raketenschießen, die weiteren Verpflichtungen in der neuen Wettbewerbsetappe, die sämtlich auf Höchstleistungen zu richten sind. Während die FDJ-Organisationen der Boote der Abteilung darangehen, die Wettbewerbsziele der Genossen zu präzisieren, hat die Parteiorganisation der Einheit Festner schon den Weg abgesteckt, der zu einer höheren Effektivität in der Leitung des gesamten Ausbildungsprozesses führen wird. Begründet auf der Entschließung der Berichtswahlversammlung und im Ergebnis einer Zusammenkunft der Parteileitung mit dem Abteilungschef, gibt es bereits eine straffere Arbeitsplanung in der Einheit und zweimal monatlich Zusammenkünfte des Chefs mit den Kommandanten, zu denen die Themen vorgegeben wurden. Die bisher vernachlässigten Bestenberatungen der Einheit und die nur vierteljährlich geplanten Zusammenkünfte der Abteilungschefs mit den Unteroffizieren werden dahingehend korrigiert, daß sie der dringlichen Forderung in der Entschließung der Parteiorganisation entsprechen, in der u. a. gesagt wurde, daß energische und zielstrebige Maßnahmen die Unteroffiziere unterstützen müssen, damit sie ihren politischen Aufgaben in der klassenmäßigen Erziehung vorrangiger gerecht werden.

---

[64]) in Volksarmee Nr. 17/1969

Die Verantwortung der einzelnen und die der Bootskollektive füreinander, die gegenseitige Hilfe und Unterstützung als wichtigste Elemente sozialistischer Moral sollen besonders in gemeinsamen Beratungen helfen, die zweckmäßigsten Lösungswege für bestimmte Aufgaben der Besatzungen und Abteilungen zu finden ..."

Ein Kapitän zur See[65]):

„... Ja, ohne Zweifel sind ihre Aufgaben zur Führung der ideologischen Arbeit umfangreicher und komplizierter geworden. Gerade deshalb ist es ja so wichtig, daß die Politorgane der Qualifizierung der neuen Parteileitungen besonderes Augenmerk schenken. Die Parteileitungen müssen insbesondere befähigt werden, selbständig den Ideenreichtum der Beschlüsse der Parteiführung für den ideologischen Kampf wirksam zu machen. Sie müssen verstehen, sich auf die Kraft der gesamten Organisation zu stützen, eng mit den militärischen Leitungen zusammenzuarbeiten und viele parteilose Armeeangehörige aktiv in die ideologische Arbeit einzubeziehen. Der ideologische Meinungsstreit, das Ringen um das Verstehen der politischen und militärischen Zusammenhänge, das Erarbeiten der Argumente muß in den Parteileitungen beginnen. Hier liegt ein wichtiger, wenn nicht der entscheidende Ausgangspunkt, um zum 20. Jahrestag der DDR einen ideologischen Aufschwung von bisher nicht gekanntem Ausmaß zu erreichen."

Diese Auswahl mag ausreichen, um ein wenig zu ahnen, welches Gebilde wir vor uns haben. Vier Merkmale sind es, die aus den Berichten und Kernsätzen herausragen:

das absolute Primat der Partei in der Truppe,

die Gleichwertigkeit der ideologischen Schulung und Erziehung mit der militärischen Ausbildung,

die Existenz des Politkommissars,

das Drängen nach herausragenden Leistungen im steten Wettbewerb der Kollektive.

Aufmerksamkeit im Zusammenhang mit den behandelten

---

[65]) Kapitän z. S. Dr. Wunderlich, in Volksarmee Nr. 17/1969

Vorgängen der Meuterei 1917 und den revolutionären Umtrieben 1918 in der Hochseeflotte erheischt die für jede Marineeinheit obligatorische Einrichtung des Politoffiziers. Abgesehen von der Durchsetzung jedes Bordkollektivs mit Partei- und FDJ-Vertretern, bürgt der Politkommissar der Partei für die Disziplin und Ordnung der Besatzungen. Er „läßt sie niemals aus seinen Klauen"; niemand kann sich ihm entziehen. Der Politoffizier übt die Funktion der Politschulung und Erziehung aus, ist aber zugleich zuständig für die Personalführung, für Beschwerden, Fürsorge und Betreuung. Als „politischer Seelsorger" ist er unentbehrlich und nimmt innerhalb der Flottenführung und der nachgeordneten Kommandos die Schlüsselposition ein. Selbst im zivilen Bereich der Handelsmarine ist er zu finden[66]). Es wäre vermessen, hier die Frage nach der Aussicht eines Aufbegehrens zu stellen.

„Uns trennen zwei Welten." Es zeugt von einer banalen Fehleinschätzung, wenn die Volksmarine — geschehen im Herbst 1968 — einen Appell an die Bundesmarine folgenden Inhalts gesandt hat[67]):

„Wir Matrosen der Volksmarine der DDR wenden uns aus Anlaß der 50. Wiederkehr des Kieler Matrosenaufstandes an das 3. Zerstörer-, das 7. Schnellboot-, das 1. U-Boot-, das 3. und 5. Minensuchgeschwader, wir wenden uns an alle Matrosen der Bundesmarine in Kiel.

Uns Angehörigen der Volksmarine sind die revolutionären Traditionen der deutschen Matrosen wert und teuer. Deshalb wurde bei uns ein Monument zum Gedenken an Albin Köbis und Max Reichpietsch enthüllt, die wegen ihres mutigen Aufbegehrens in der kaiserlichen Flotte gegen den imperialistischen Krieg am 5. September 1917 in Wahn bei Köln standrechtlich erschossen wurden. Wir ehren mit diesem Monument zugleich alle revolutionären Matrosen, die vor 50 Jahren im Kampf für Frieden und Brot, für die Freiheit und die Macht des Volkes gegen die unheilvolle Macht der Industriemillionäre, der Großagrarier und kriegswütigen Militärs die rote Fahne der Arbeiterklasse hißten.

---

[66]) vergl. Ernst Legahn, Sozialistische Seeschiffahrt, Hamburg 1968
[67]) nach Volksarmee Nr. 46/1968

Damals, am 3. November 1918, gaben die Matrosen des III. Geschwaders in Kiel das Signal für die Revolution in ganz Deutschland. Doch der Sache des Volkes war damals noch kein Sieg beschieden. Trotz mutigen und opfervollen Kampfes der roten Matrosen und Arbeitergarden gelang es den Truppen der Konterrevolution im Bunde mit den sozialdemokratischen Führern Ebert, Scheidemann und Noske, die revolutionär-demokratische Erhebung des Volkes im Blute zu ersticken.
Heute, nach fünf Jahrzehnten, sieht es in Deutschland anders aus; heute ist in seinem östlichen Teil, in der Deutschen Demokratischen Republik, für immer und ewig das Vermächtnis der revolutionären Matrosen und Arbeiter erfüllt; bei uns regiert das werktätige Volk, und es gehört deshalb zu den Siegern der Geschichte, weil es unter Führung der geeinten Partei der Arbeiterklasse die Lehren der Novemberrevolution und der nachfolgenden Jahrzehnte unbeirrbar beherzigt und verwirklicht hat. Wir Matrosen der DDR stehen als Erben und Nachfahren der Kämpfer von 1918 nicht nur fest am Ruder der Schiffe und Boote, sondern auch am Ruder unseres sozialistischen Staates. Mit Stolz tragen wir den traditionsreichen und verpflichtenden Namen Volksmarine und wir sagen ganz offen: Niemals und niemandem wird es gelingen, dem Volk in der DDR seine sozialistische Macht, die Früchte seiner Arbeit zu entreißen. Dafür stehen wir gemeinsam mit den Matrosen der sowjetischen Rotbanner-Flotte und der polnischen Seekriegsflotte zu Wasser, zu Lande und in der Luft auf Wacht.
Oft treffen wir uns auf See, doch trotz gleicher Sprache, trennen uns Blaujacken zwei Welten. Ihr und Eure Kameraden dient keiner guten Sache. Bedenkt, daß heute in der Bundesrepublik die gleichen Kräfte an der Macht sind, die den 1. und 2. Weltkrieg verschuldet, die Köbis und Reichpietsch, Liebknecht und Luxemburg, Thälmann und Breitscheid ermordet und millionenfach Blut vergossen haben. Wie schon zu des Kaisers und Hitlers Zeiten werden sie von wahnwitziger Machtgier getrieben. Eure Regierung bedroht den Frieden und die Sicherheit in Europa. Sie maßt sich die Alleinvertretung für ganz Deutschland an und weigert sich, die DDR völkerrechtlich anzuerkennen; sie wendet sich gegen die bestehenden Grenzen in Europa, gegen den Status quo, sie knebelt durch die Notstandsgesetze

die Demokratie und bereitet gleichzeitig die Bundesrepublik geistig, wirtschaftlich und militärisch auf einen Krieg vor. Begreift, daß die Bundesrepublik den falschen Kurs steuert und daß Ihr selbst das Ruder herumreißen müßt, ehe es zu spät ist. Vergeßt nicht: Im Kampf des Volkes für Fortschritt und Recht standen deutsche Seeleute immer mit in vorderster Reihe. Erst wenn auch bei Euch die Macht einer Handvoll Millionäre durch die Macht der Millionen des arbeitenden Volkes ersetzt ist, wird auch in Westdeutschland das Vermächtnis der revolutionären Helden von 1918 erfüllt und der Frieden in Europa gesichert sein."

AUSBLICK

Es ist an der Zeit, sich mit Ernst und Gründlichkeit der „großen, stillen Unruhe“ in der Bundesmarine zu widmen, die unter der Oberfläche schwelt und die dem aufmerksamen, besorgten Beobachter nicht verborgen bleiben kann. Das Unbehagen hat seine Ursachen u. a. in dem Gefühl der Marineangehörigen, gleich welchen Dienstgrades, abseits und ohne Rückhalt im deutschen Volke ihren schweren Dienst zu erfüllen. Der allzeit bewußt gepflegte Gedanke der deutschen Seegeltung ist vernachlässigt worden. Das weite Binnenland steht ohne innere Beziehung zu der See. Daran ändern nichts die vielfach krampfhaften Versuche der Werbung für die Flotte und auch nichts die in Tradition erstarrten Marinevereine, bei aller Anerkennung ihrer Bemühungen. Zu keiner Zeit scheint das Bewußtsein im Volk für die Seegeltung so verstümmelt gewesen zu sein wie in unserer Epoche. Das mag mannigfache Gründe haben, die für die Aufbauphase vielleicht berechtigt waren. Nunmehr bedarf es Maßnahmen auf breiter Ebene, mit selbstverständlicher Beteiligung staatlicher Organe, parteipolitischer Organisationen und wirtschaftlicher Kreise. Dazu gehört auch die Erwartung von der Presse und allen publizistischen Einrichtungen, daß sie sich mehr als bisher der Marine widmen und behutsam, vor allem sachverständig, die schwierigen Probleme und unvermeidlichen Pannen der neuen Waffen behandeln.

Das Unbehagen rührt nicht in erster Linie von der Enge der Operationsbasis, der küstennahen Aufgaben, der z. Z. noch drückenden waffentechnischen Überlegenheit der östlichen Ostseeanrainer usw. her, sondern von der mangelnden Rückendeckung in Staat und Volk. Hier liegen die inneren Konflikte der inneren Führung. Verantwortungsbewußte Seeoffiziere erfüllt dieser Zustand mit Sorge.

Darüber hinaus besteht der Eindruck, daß in der Bundesmarine die konstruktive politische Erziehung im argen liegt und zu sehr von dem Formalunterricht bestimmt wird. Angesichts der Rangordnung, die die Volksmarine der politischen Erziehung

im Rahmen der Parteidirektiven beimißt, muß dieser Frage unbedingt erhöhte Aufmerksamkeit geschenkt werden, gerade in der Zäsur der Wachablösung der Generationen und Schiffe.
Die grundsätzlichen Bedenken gegen einen organisatorischen Umbau der Marine sind offensichtlich, die Bundesmarine befindet sich aber in dem Stadium, in dem die älteren Jahrgänge der Kriegsteilnehmer ausscheiden.
In der Bundesmarine gibt es Ansätze, die zu Hoffnungen für eine Synthese zwischen Tradition und modernen Erfordernissen berechtigen.
Rückschauend kommt der Einrichtung des Vertrauensmannes und dem Verpflegungsausschuß eine gebührende Bedeutung zu. Sie steht und fällt allerdings mit dem Persönlichkeitswert der gewählten Männer und dem Willen aller Beteiligten, vertrauensvoll zusammenzuarbeiten.
Erwägenswert wäre zudem die Forderung nach einem Wehrbeauftragten, der ausschließlich für die Marine zuständig wäre und der selbst längere Zeit an Bord gedient haben müßte.
Das alte Problem, bisher ungelöst seit der Kaiserlichen Marine, scheint endlich angepackt zu werden: die Förderung erfahrener Portepeeunteroffiziere, des Deckoffiziers von gestern, des Fachoffiziers von morgen. Was wäre die Marine ohne sie jemals gewesen?
Mitbestimmung und Förderung bewährter Mannschaftsdienstgrade im vernünftigen Rahmen.
Die Bundesmarine besitzt keine „Dickschiffe". In einer überschaubaren Crew müssen freiwillige Disziplin auf beiden Seiten und Einsatzbereitschaft von Schiff und Besatzung garantiert sein, vorausgesetzt, daß man Kommando und Mannschaft genügend Zeit läßt, zu einer Einheit zusammenzuwachsen. Dauernde Kommandierungen von Offizieren, Maaten und Matrosen stören diesen Prozeß; ein Übermaß an bürokratischem Kleinkram verhindert den notwendigen Kontakt.
Krisen der Mannschaften sind Krisen der Führung. Seeoffizier, Seesoldat und Schiff bilden eine Einheit, wenn es lohnt, füreinander da zu sein. Das lehrt die Geschichte der Preußischen, der Kaiserlichen, der Reichs- und der Kriegsmarine.

LITERATURAUSWAHL

Anti-Nautikus (Pseudonym für Sachse, Willi): Deutschlands revolutionäre Matrosen, Hamburg 1925

von Baden, Prinz Max: Erinnerungen und Dokumente, Berlin und Leipzig 1927

Barth, Emil: Aus der Werkstatt der Revolution (o. J.)

Beckers, Hans: Wie ich zum Tode verurteilt wurde — Die Marine-Tragödie im Sommer 1917, Leipzig 1928

Bartmuss, Hans-Joachim u. a.: Deutsche Geschichte, Band 2, Berlin (O), 1965

Bernhard, Hans-Joachim: Die Entstehung einer revolutionären Friedensbewegung in der deutschen Hochseeflotte im Jahre 1917, in: Revolutionäre Ereignisse und Probleme in Deutschland während der Periode der Großen Sozialistischen Oktoberrevolution 1917/1918, Berlin (O), 1957

Bredt, Viktor: Der Marinevorstoß 1918; in: Preußische Jahrbücher, Band 208, 1927

Breithaupt, W.: Volksvergiftung 1914—1918, Berlin und Leipzig 1925

Brüninghaus, Willi, Konteradmiral a. D.: Die politische Zersetzung und die Tragödie der deutschen Flotte, Berlin 1926

Der Dolchstoßprozeß in München ..., München 1925

Dittmann, Wilhelm: Die Marine-Justiz-Morde von 1917 und die Admirals-Rebellion von 1918, Berlin 1926

Erzberger, M.: Erkenntnisse im Weltkrieg, Stuttgart und Berlin 1920

Fikentscher, Friedrich: Die Wahrheit über den Zusammenbruch der Marine, in: Politische und militärische Zeitfragen, Heft 29, Berlin 1920

v. Forstner, H. K.: Marinemeuterei, Berlin (o. J.)

Foß, M.: Enthüllungen über den Zusammenbruch (o. J.)

Gutachten der Sachverständigen (Alboldt, Stumpf, v. Trotha) zu den Marinevorgängen 1917 und 1918, in: Die Ursachen des Deutschen Zusammenbruches im Jahre 1918 (Das Werk des Untersuchungsausschusses der Verfassungsgebenden Deutschen Nationalversammlung und des Deutschen Reichstages 1919—1928, 10. Band, Berlin 1928

Haußmann, Konrad: Reichstagsbriefe und Aufzeichnungen, Frankfurt 1924

Helfferich, Karl: Vom Eingreifen Amerikas bis zum Zusammenbruch, Der Weltkrieg, Band 3, Berlin 1919

Herz, L.: Die Marinemeutereien von 1917, in: Die Justiz, Band I (o. J.)

Joos: Die Vorgänge in der Marine 1917/18, in: Politisches Jahrbuch, Mönchengladbach 1928

Kliche, Josef: Vier Monate Revolution in Wilhelmshaven, Rüstringen 1919

Kloth, E.: Dittmanns Enthüllungsschwindel nach Eingeständnissen seiner Genossen, Berlin 1926

Kuttner, Erich: Von Kiel bis Berlin, Berlin 1919

Lammertz, W.: Die Marine von der Revolution bis zum Flottengrab bei Scapa Flow, Duisburg 1919

Ledebour — Der Prozeß, Berlin 1919

Legahn, Ernst: Sozialistische Seeschiffahrt, Hamburg 1968

Michaelis, G.: Für Staat und Volk, Berlin 1922

Müller, Richard: Vom Kaiserreich zur Republik, Wien 1924

Neu, Heinrich: Die revolutionäre Bewegung auf der deutschen Flotte 1917—1918, Stuttgart 1930

Noske, Gustav: Von Kiel bis Kapp, Berlin 1920

Noske, Gustav: Erlebtes aus Aufstieg und Niedergang einer Demokratie, Offenbach 1947

von Payer, Friedrich: Von Bethmann Hollweg bis Ebert, Frankfurt 1923

Persius, L.: Warum die Flotte versagte, Leipzig (o. J.)

Popp, Lothar, und Artelt, Karl: Ursprung und Entwicklung der Novemberrevolution, Kiel 1919

Rausch, Bernhard: Am Springquell der Revolution, Kiel 1921

Runkel, F.: Die deutsche Revolution, Leipzig 1919

Scheer, Reinhard: Vom Segelschiff zum U-Boot, Leipzig 1925

Scheidemann, Philipp: Der Zusammenbruch, Berlin 1921

Schroeder, John Ulrich: Im Morgenlicht der deutschen Revolution, Hamburg 1921

v. Trotha: Zum Flottenvorstoß 1918, in: Preußische Jahrbücher, Band 209

Ursachen und Folgen. Vom deutschen Zusammenbruch 1918 und 1945 bis zur staatlichen Neuordnung Deutschlands in der Gegenwart, 2. Band, Berlin (o. J.)

v. Wrisberg, E.: Der Weg zur Revolution 1914—1918, Leipzig 1921

Zeisler, Kurt: Die revolutionäre Matrosenbewegung in Deutschland im Oktober/November 1918, in: Revolutionäre Ereignisse und Probleme in Deutschland während der Periode der Großen Sozialistischen Oktoberrevolution 1917/18, Berlin (O), 1957

Zeitschriften:
Volksarmee, Berlin (O)
Tribüne, Berlin (O)
Schiffbautechnik, Berlin (O)

PERSONENREGISTER

Beckers, Johann, Heizer auf *SMS Prinzregent Luitpold*, geb. am 17. 2. 1892 in Alsdorf bei Aachen, Bergmann, Eintritt in die Marine am 2. 10. 1912. Zum Tode verurteilt am 3. 9. 1917 wegen „vollendeter kriegsverräterischer Aufstandserregung"; später begnadigt zu fünfzehnjähriger Zuchthausstrafe (lt. Urteil dreimal disziplinarisch vorbestraft).

Bieber, Adolf, Obermatrose auf *SMS Helgoland*, geb. 29. 12. 1891 in Stendal, Maschinenschlosser, Eintritt in die Marine am 4. 10. 1911. Verurteilt zu 10 Jahren Zuchthaus, später umgewandelt in 6 Jahre Zuchthaus (lt. Urteil viermal disziplinarisch vorbestraft).

Bräuner, Oberheizer auf *SMS Kaiserin*, geb. 10. 4. 1893 in Gelsenkirchen, Maschinist, Eintritt in die Marine am 1. 10. 1913. Verurteilt zu 12 Jahren Zuchthaus, später umgewandelt in 10 Jahre Zuchthaus (lt. Urteil dreimal disziplinarisch vorbestraft).

Brüninghaus, Kommandant auf Schlachtkreuzer *König*, Kapitän zur See, Teilnahme an der Skagerrakschlacht, 1918 Chef der Etatsabteilung des Reichsmarineamtes; Mitglied des Reichstages und des Parlamentarischen Untersuchungsausschusses.

Dittmann, Wilhelm, geb. 13. 11. 1874 in Eutin, Tischler. Seit 1899 sozialdemokratischer Schriftleiter, 1912 Reichstagsabgeordneter. D. gründete im März 1916 mit anderen die Sozialdemokratische Arbeitsgemeinschaft, aus der 1917 die USPD hervorging. Im Februar 1918 wegen Landesverrats („intellektueller Urheber der Marinemeuterei 1917") verurteilt, im Oktober 1918 begnadigt. Er gehörte vom 9. November bis 29. Dezember 1918 der Reichsregierung der Volksbeauftragten an.

Fischer, Josef, Oberheizer auf *SMS Pillau*, geb. 3. 4. 1892 in Lörrach. Eintritt in die Marine am 2. 10. 1912. Verurteilt zu 15 Jahren Zuchthaus, später umgewandelt in 10 Jahre Zuchthaus (lt. Urteil dreimal disziplinarisch vorbestraft)

Hipper, Franz Ritter von, Admiral, geb. 13. 9. 1863 in Weilheim. Eintritt in die Marine 1881. 1912 Flaggoffizier und Führer der I. Aufklärungsgruppe (Schlachtkreuzer) bei der Hochseeflotte. 24. 1. 1915 Gefecht auf der Doggerbank; 31. 5. 1916 Skagerrakschlacht; 1918 Chef der Hochseeflotte.

Köbis, Albin, Oberheizer auf *SMS Prinzregent Luitpold*, geb. am 18. 12. 1892 in Pankow. Eintritt in die Marine am 11. 12. 1912. Zum Tode verurteilt am 26. 8. 1917; standrechtlich erschossen am 5. 9. 1917 in Wahn bei Köln (lt. Urteil zehnmal disziplinarisch vorbestraft). „Anhänger der Spartakusgruppe. Er organisierte ein illegales Vertrauensmännersystem und revolutionäre Gruppen unter den Matrosen und Heizern des Linienschiffes. Zusammen mit M. Reichpietsch nahm er Kontakt mit der USPD-Führung auf, die sich jedoch später von den revolutionären Matrosen distanzierte. K. wirkte im Sommer 1917 maßgeblich für die Ausbreitung der Bewegung in der Hochseeflotte und für den Matrosenaufstand gegen die Weiterführung des Krieges. Unter Führung von K. verweigerten am 28. 8. 1917 800 Matrosen des *Prinzregent Luitpold den Dienst* ...“ (Kleine Enzyklopädie. Deutsche Geschichte, Leipzig 1965, S. 670).

Linke, Richard, Obermatrose auf *SMS Helgoland*, geb. 20. 11. 1889 in Forst (Lausitz), Werkzeugschlosser. Eintritt in die Marine am 4. 10. 1911. Verurteilt zu 10 Jahren Zuchthaus, später umgewandelt in 6 Jahre Zuchthaus (lt. Urteil nicht vorbestraft).

Noske, Gustav, geb. 9. 7. 1868 in Brandenburg, Holzarbeiter. Seit 1897 Schriftleiter sozialdemokratischer Zeitungen in Königsberg, Chemnitz, Brandenburg; Gewerkschaftsbewegung; 1906 Mitglied des Reichstags; Anfang November 1918 Vertreter der Regierung in Kiel, Gouverneur von Kiel; 1919 bis 1920 Nationalversammlung; 6. 1. 1919 Oberbefehlshaber der regierungstreuen Truppen in Berlin; 13. 2. 1919 bis 13. 3. 1920 Reichswehrminister. Veröffentlichungen: Von Kiel bis Kapp (1970); Wie ich wurde (1919).

Reichpietsch, Max, Matrose auf *SMS Friedrich der Große*, geb. am 24. 10. 1894 in Charlottenburg, Packer. Eintritt in die Marine 1912 (freiwillig). Zum Tode verurteilt am 26. 8. 1917; standrechtlich erschossen am 5. 9. 1917 in Wahn bei Köln (lt. Urteil vierzehnmal disziplinarisch und einmal feldkriegsgerichtlich vorbestraft). „Anhänger der Spartakusgruppe; organisierte, besonders unter dem Einfluß der russischen Februarrevolution von 1917, in der deutschen Hochseeflotte revolutionäre Gruppen und bereitete maßgeblich den Matrosenaufstand im Sommer 1917 vor ...“ (Kleine Enzyklopädie. Deutsche Geschichte, Leipzig 1965, S. 757). „... hinterließ den Eindruck eines geweckten, jungen Mannes, war aber politisch völlig ungeschult und unerfahren.“ (Dittmann, a. a. O., S. 32).

Sachse, Willi, Heizer auf *SMS Friedrich der Große*, geb. 7. 1. 1896 in Leipzig. Eintritt in die Marine am 1. 10. 1914. Zum Tode verurteilt am 3. 9. 1917, später begnadigt zu fünfzehnjähriger Zuchthausstrafe (lt. Urteil nicht vorbestraft). Veröffentlichungen: Anti-Nautikus: Deutschlands revolutionäre Matrosen (Hamburg 1925); Frieden ahoi! (in: Die Büchergilde, Heft 2, Februar 1933); Rost an Mann und Schiff (Berlin 1934). „Willi Sachse ist sehr widersprüchlich. Ursprünglich war er einer der Führer der revolutionären Mannschaftsbewegung auf der Flotte. Er fühlte sich in dieser Stellung von Reichpietsch und Köbis verdrängt. Seine Publikationen aus den 20er Jahren zeigen deutlich das Bestreben, seine eigene Rolle in der Mannschaftsbewegung in den Vordergrund zu schieben, während er später sich mehr und mehr von Reichpietsch distanzierte und die Verantwortung ... von sich abzuwälzen versuchte ... Willi Sachse hat später wieder den Anschluß an die antifaschistische Bewegung gefunden und in der Gruppe Uhrig gegen den Faschismus gekämpft. Zusammen mit anderen Mitgliedern dieser Gruppe wurde er 1944 von den Faschisten ermordet." (nach Hans Joachim Bernhard, a. a. O., S. 92)

Scheer, Reinhard, Admiral, geb. 30. 9. 1863 in Obernkirchen. Eintritt in die Marine 1879; Mitarbeiter von Großadmiral Tirpitz; 1910 Flaggoffizier; 1914 Chef des II. Geschwaders, dann des III. Geschwaders der Hochseeflotte; 1916 Chef der Hochseeflotte, Skagerrakschlacht; ab August 1918 Chef der Seekriegsleitung. Veröffentlichungen: Deutschlands Hochseeflotte im Weltkriege; Persönliche Erinnerungen (1921). Vom Segelschiff zum U-Boot (1926).

von Trotha, Adolf, Vizeadmiral, geb. 1. 3. 1868 in Koblenz. Eintritt in die Marine 1886. Im Ersten Weltkrieg Kommandant des Linienschiffes *SMS Kaiser*, seit 1916 Chef des Stabes der Hochseeflotte, Skagerrakschlacht, 1918 Chef des Stabes der Obersten Seekriegsleitung, nach der Revolution Chef der Admiralität (bis Oktober 1920). Anteil am Aufbau der Reichsmarine.

Verner, Waldemar, Admiral, geb. 11. 8. 1914 in Chemnitz. „Früh im Jungspartakusbund und 1929 im KJVD, später KPD. Schaufensterdekorateur. Floh 1933 aus Untersuchungshaft (wegen Hochverrats), dann Untergrundagent der KPD im Reich. 1935 bis 1938 in der Sowjetunion geschult. Ab 1940 Drahtzieher des komm. Widerstands in Dänemark. Rückkehr Dez. 1945; 1. SED-Kreissekretär in Stralsund bis 1949, dann Mitarbeiter des Amtes für Information. Seit Mitte 1950 Chef der Seepolizei der KVP;

Vizeadmiral, 1952—1953 gleichzeitig Stellv. des Ministers des Innern. In der Nationalen Volksarmee Chef der Seestreitkräfte bis Juni 1960. 1955—1957 Lehrgang in der Sowjetunion. Seit Aug. 1959 als Nachfolger Döllings Leiter der Polit. Verwaltung der NVA, einer der Stellvertr. des Ministers f. Nat. Verteidigung. Seit Apr. 1954 Kandidat des ZK der SED. Am 1. 2. 1961 zum Admiral befördert. Jan. 1963 Mitgl. des ZK der SED." (SBZ von A—Z, Bonn 1965, S. 451).

Weber, Willy, Oberheizer auf *SMS Friedrich der Große*, geb. in Gronau. Eintritt in die Marine am 12. 10. 1912. Am 3. 9. 1917 zum Tode verurteilt, später Umwandlung der Todesstrafe in 15 Jahre Zuchthaus (lt. Urteil elfmal disziplinarisch, einmal feldgerichtlich vorbestraft).

ANHANG (Dokumente)

Nr. 1 Tagesbefehl des Kommandos der Hochseestreitkräfte an die Flotte vom 31. Januar 1917.

Nr. 2 Tagesbefehl Kaiser Wilhelm II. an die Marine vom 1. Februar 1917.

Nr. 3 Brief des Zentrumsabgeordneten Dr. Pfleger an den Staatssekretär im Reichsmarineamt, Admiral v. Capelle vom 28. Juli 1917.

Nr. 4 Aus dem Tagebuch des Matrosen Richard Stumpf vom 31. Juli bis 2. August 1917.

Nr. 5 Brief der Besatzung des Linienschiffes *Westfalen* an den Kommandanten, August 1917.

Nr. 6 Stellungnahme des Kommandos der Hochseestreitkräfte zu den Vorgängen im Sommer 1917 vom 7. Oktober 1917.

Nr. 7 Richtlinien für die Belehrung der Mannschaft nach den vorgekommenen Ausschreitungen vom 4. November 1918.

Nr. 8 Begleitschreiben des Kommandos der Hochseestreitkräfte vom 4. November 1918.

Nr. 9 Hinweise für das Offizierskorps bei der Verwertung der Richtlinien vom 4. November 1918.

Nr. 10 Flugblatt der Reichsregierung zur Beruhigung der Marinemannschaften (4. 11. 1918).

Nr. 11 Aufruf des Kieler Soldatenrats vom 5. November 1918.

Nr. 12 Gouvernements-Tagesbefehl Noskes v. 7. November 1918.

Nr. 13 Lagebericht der Seekriegsleitung vom 7. November 1918.

Nr. 14 Aufruf Noskes an die Einwohnerschaft Kiels vom 8. November 1918.

Nr. 15 Bericht Noskes über die Vorgänge in Kiel vom 12. November 1926.

aus: Die Ursachen des Deutschen Zusammenbruchs im Jahre 1918. Das Werk des Untersuchungsausschusses 1919—1928, Berlin, 1928. (Nr. 6, 7, 8, 9)

Ursachen und Folgen. Vom deutschen Zusammenbruch 1918 und 1945 bis zur staatlichen Neuordnung Deutschlands in der Gegenwart, Berlin 1958. (Nr. 1—5, 10—15)

Nr. 1 Tagesbefehl des Kommandos der Hochseestreitkräfte an die Flotte, 31. Januar 1917 [68])

SMS Kaiser Wilhelm II, 31. Januar 1917

Seine Majestät der Kaiser haben die Eröffnung des uneingeschränkten Unterseebootskrieges gegen England für den 1. Febr. 1917 befohlen. Hiermit treten wir in einen Kriegsabschnitt ein, der für uns um so bedeutsamer ist, als die Verantwortung, den entscheidenden Druck auf unsern Hauptgegner auszuüben, auf die Marine gelegt ist.

Hingabe, Arbeitstreue, Angriffs- und Abwehrkraft *jeder* Stelle in der Marine hat in den Dienst der Unterseebootswaffe zu treten. In diesem Zusammenarbeiten mit angespanntester Kraft auf dieses eine Ziel liegt für die Marine jetzt die Erfüllung des Vertrauens der Nation.

Auch die Verwendung der Hochseestreitkräfte wird sich damit selbstverständlich den Bedingungen des Unterseebootskrieges anzupassen haben, um die Marine diese gewaltige Aufgabe lösen zu lassen, deren Besonderheit begründet ist in der maritimen Lage unseres Hauptgegners, unterstützt durch die Abhängigkeit der Neutralen von der überragenden Seegewalt Englands.

Wir dürfen aber auch in diesem Kriegsabschnitt nicht aus dem Auge und Gefühl verlieren, daß die Seegeltung eines Staates nur getragen wird von einer kampffähigen Hochseeflotte.

Deutschlands Stärke an Arbeit und Volkskraft, wie sie sich auf dem Boden des neugegründeten Reiches entwickelt hat, verlangt den befruchtenden Einfluß des Welthandels. Diesen erarbeiteten Segen will unser jugendkräftiges Volk sich erhalten, nicht als schnöden Geldgewinn oder in der Stellung als Höriger Englands, sondern im nationalen Geist eines freien Volkes, der über Deutschlands Seegrenzen hinaus deutsche Kultur in die Welt trägt.

Dafür hat es mit großen Opfern im Frieden sich eine seegehende Marine geschaffen, dafür kämpft es den ungeheuren Kampf. Hierfür Bresche zu legen in Englands überragende Gewaltstellung, sollen jetzt die Unterseeboote ihre Waffe voll anwenden, sie sollen für die Zukunft der Hochseeflotte als dem Träger nationaler Entwicklung über See den Weg freimachen.

Deutschland als Kontinentalstaat ohne starke Kampfflotte bleibt, noch so mächtig gerüstet, eine Schachfigur im Spiel der Interessen der Mächte, die die See beherrschen, im Weltgetriebe letzten Endes doch ein dienendes Volk.

---

[68]) Nach: Alfred von Tirpitz, Deutsche Ohnmachtspolitik im Weltkriege, Hamburg-Berlin 1928, S. 594

Eine frei von den Einflüssen der Küsten gegründete Flotte führt die Entwicklung der Nation zu höherem Ziel. Sie stellt Deutschland unter die wahrhaft freien Völker, deren Macht und Einfluß bestimmend *auch über ihr Küstengebiet hinaus* wirkt. Sie schafft, daß deutsche Arbeit, deutsche Auffassung und Kultur in die Welt hinauswandern und wieder zurückwirken können auf das Wachsen der Nation daheim, daß sie den Deutschen nutzbar bleiben und nicht in den Fremdvölkern untergehen.

Wer an dem Einfluß einer seegehenden Flotte für Deutschland zweifeln sollte, der sehe sich an, wie England jedes moderne Schiff in der Heimat sammelt und unermüdlich noch im Kriege seine Flotte verstärkt, wie es sich trotz seiner gewaltigen Überlegenheit wohl hütet, sie aufs Spiel zu setzen auch gegen unsere geringe Zahl.

Wir dürfen stolz sein, nicht nur, daß wir Englands Flotte vor Skagerrak geschlagen haben, sondern auch darauf, daß wir mit unserer erst in der Entwicklung stehenden Flotte die gesamte moderne englische Seemacht in der Heimat gebunden haben, daß die Weltherrschaft Englands in fernen Meeren fremden Flaggen hat anvertraut werden müssen. Ohne unsere Hochseeflotte wäre Englands Seemacht frei gewesen, die Ostsee und die Dardanellen verloren.

So ist auch im Einsetzen des Unterseebootskrieges die seegehende Flotte nicht nur der starke unentbehrliche Halt für dessen Durchführung, sondern sie bleibt über den Krieg hinaus der Träger deutschnationaler Entwicklung.

Der Friede, wie wir ihn uns durch die Unterseeboote erzwingen wollen, muß der zweite Geburtstag der deutschen Hochseeflotte werden.

gez. Scheer.

Nr. 2 Tagesbefehl Kaiser Wilhelms II. an die Marine, 1. Februar 1917[69])

An Meine Marine! In dem bevorstehenden Entscheidungskampfe fällt Meiner Marine die Aufgabe zu, das englische Kriegsmittel der Aushungerung, mit dem unser gehässigster und hartnäckigster Feind das deutsche Volk niederzwingen will, gegen ihn und seine Verbündeten zu kehren durch Bekämpfung ihres Seeverkehrs mit allen zu Gebote stehenden Mitteln. Hierbei werden die Unterseeboote in erster Reihe stehen. Ich erwarte, daß diese in weiser Voraussicht technisch überlegen entwickelte, auf leistungsfähige und leistungsfreudige

[69]) Nach: Purlitz' Deutscher Geschichtskalender, 1917, S. 280

Werften gestützte Waffe ein Zusammenwirken mit allen anderen Kampfmitteln der Marine und getragen von dem Geist, der sie im ganzen Verlauf des Krieges zu glänzenden Taten befähigt hat, den Kriegswillen unserer Gegner brechen wird.

Großes Hauptquartier, den 1. Februar 1917. Wilhelm.

Nr. 3 Brief des Zentrumsabgeordneten Dr. Pfleger an den Staatssekretär im Reichsmarineamt, Admiral v. Capelle[70])

Weiden, den 28. Juli 1917.

Sofort! Persönliches!

Aus Kreisen der *Hochseeflotte* gehen mir fortgesetzt *Nachrichten* zu, die ich im Interesse unserer Landesverteidigung nicht mehr länger unbeachtet lassen kann, und zwar um so mehr, als ich Anlaß habe anzunehmen, daß aus Mannschaftskreisen *Abgeordnete* der Sozialdemokratischen Arbeitsgemeinschaft über verschiedene Vorkommnisse *unterrichtet* worden sind.

Es wird mir *berichtet:* Auf den Schiffen *Friedrich der Große, Prinzregent Luitpold, Pillau,* seien in letzter Zeit förmliche *Meutereien* und Gehorsamsverweigerungen vorgekommen; auf *Thüringen* sei vor einiger Zeit Wasser aus einer Schlauchleitung auf die in der Messe sitzenden Offiziere ausgegossen worden, ohne daß es gelungen wäre, den Täter zu ermitteln. Als Ursache dieser höchst unliebsamen Vorkommnisse wird angegeben *schlechte Beispiele der Offiziere, vorschriftswidrige Behandlung, schlechte Verpflegung, dann Nichteinlösung von Urlaubsversprechungen* usw. Die mir mitgeteilten Einzelheiten sind nicht nur außerordentlich betrübend für jeden Freund unserer Marine, sondern — ihre Richtigkeit vorausgesetzt — unter den gegenwärtigen Verhältnissen geradezu erschreckend.

Da ich annehmen darf, daß bei dem Wiederzusammentritt der Haushaltskommission im August die Vorkommnisse *seitens der Arbeitsgemeinschaft vorgebracht* und besprochen werden, bitte ich Ew. Exzellenz dringend, jetzt schon den ganzen Sachverhalt durch eine unparteiisch und *ohne Ansehen der Person* durchgeführte Untersuchung klarzustellen und für sofortige *Abstellung* der allenfallsigen *Mißstände* Sorge zu tragen.

---

[70]) Nach: Untersuchungsausschuß, 4. Reihe. Bd. IX, 1, S. 15

Nr. 4 Aus dem Tagebuch des Matrosen Richard Stumpf, 31. Juli bis 2. August 1917[71])

Wenn ich berufen wäre, über die augenblickliche Stimmung der Flottenbesatzung ein Urteil abzugeben, so würde es im ärztlichen Diagnosestil etwa folgendermaßen lauten: Hochgradige Erregung, hervorgerufen durch gänzlichen Mangel an Vertrauen zu den Vorgesetzten; Zustände der fixen Idee, daß der Krieg nur im Interesse der Offiziere geführt und verlängert wird, und heftige Zornesausbrüche infolge des Umstandes, daß die Mannschaft hungert und darbt, während die Offiziere schlemmen und im Gelde schwimmen.

Ist es da ein Wunder, wenn die Leute endlich das unfehlbare Mittel der Auflehnung ergreifen, um ihre bedrängte Lage zu verbessern? Soviel mir bis jetzt sicher bekannt ist, war der Aufstand auf den Schiffen der Kaiserklasse am heftigsten, besonders auf *Prinzregent Luitpold*, und *König Albert*. Auf letzterem Schiffe scheint die Hauptschuld beim Kommandanten zu liegen. Er ließ einen Heizer in Untersuchungshaft bringen, weil er Abonnenten für den „Vorwärts" gesammelt hatte. Infolge des einmütigen Verlangens zweier Heizerwachen mußte er denselben jedoch freigeben. Am nächsten Morgen wurde der Kommandant vermißt, und später fand man seine Leiche bei der Netzsperre treiben ... Niemand weiß, was geschehen, ob Mord, Selbstmord oder Unglücksfall. Jedenfalls ein Menetekel für alle andern.

Am Freitag früh war Kommandanten-Sitzung auf der *Posen*. In derselben wurden die unangenehmen Vorfälle besprochen. Nach derselben ließ uns der Kommandant auf der Schanz antreten und gab uns einige Aufklärungen. Es sind da, so begann er, auf einem Schiffe, dem *Prinzregent Luitpold*, Dinge vorgekommen, die höchst bedauerlich sind. Dort sollte vor drei Tagen eine Wache ins Theater geführt werden. Jedoch konnte die Aufführung aus irgend einem Grunde nicht stattfinden. Dann wurde ein Kino bestellt. Aber hier war der Apparat unklar, als man anfangen wollte. Da nun nichts mehr anzufangen war, sollte das Programm dieses Tages mit dem folgenden vertauscht werden. Es wurde zum großen Exerzierplatz marschiert, um dortselbst eine „militärische Übung" vorzunehmen. Ein großer Teil der Leute weigerte sich und entfernte sich eigenmächtig von dort. Im Laufe des Tages wurden dann beim Fort Schaar etwa 350 Mann gefunden. Sie hatten dort gelagert, waren hungrig und kehrten an Bord zurück. Wir haben Beweise, daß ausländische Agenten (höhnisches Gemurmel) dabei im Werke sind. Es ist höchst traurig, daß

[71]) Nach: Untersuchungsausschuß, 4. Reihe, Bd. X, 2, S. 250 ff. Die Orthographie des Schreibers ist normalisiert worden.

ihr Euch in einer Zeit dazu hergebt, wo Eure Brüder in Flandern zu Tausenden fürs Vaterland sterben, und unten in Galizien dabei sind, den letzten Russen aus dem Land zu jagen. Das ist es ja, was unsere Feinde wollen, was ihnen auf dem ehrlichen Schlachtfeld nicht gelingt, soll der innere Zwist und Hader schaffen. Einesteils können mir die bedauernswerten verführten Leute leid tun, sie wird jetzt die ganze Strenge des Gesetzes treffen. Wegtreten! — Also die Engländer sind wieder die Schuldigen. Einfach lächerlich, diese Auffassung! Diese Herren haben keine Ahnung, wie riesengroß das Schuldkonto ist, welches sie gehäuft haben. Die Feinde sind's!! Ich muß sagen, eine sehr bequeme Ausrede. So heißt's immer, auch wenn im Lande etwas los ist. Man möchte lachen, wenn es nicht so bitter ernst wäre. Es müssen scheinbar wieder einmal Köpfe fliegen, um diesen Leuten das Bewußtsein der Schuld vor Augen zu führen. Es ist doch ein Jammer, daß ein so tüchtiges und braves Volk wie das deutsche so miserabel geführt wird. Könnte ich doch mit der Faust dreinschlagen und dieses feile Gesindel, das seine eigenen Volksgenossen verführt und verbittert macht, von der Erde verschwinden lassen. Ist denn wirklich keiner da, zu welchem ein freies glückliches Volk voll Vertrauen und Stolz blicken kann? Selbst das reine Bild und die edlen Absichten des Kaisers werden entstellt und verzerrt durch die bösen Werke seiner Diener und „Getreuen". Volkskaiser, ich rufe dich!

Nr. 5 Brief der Besatzung des Linienschiffes Westfalen an den Kommandanten, August 1917[72]*)*

An den Kommandanten *SMS Westfalen.*

Auf Grund der letzten Ereignisse an Bord *SMS Westfalen* sind eine Anzahl braver und tüchtiger Kameraden plötzlich in Haft genommen worden, nach unserer Ansicht vollkommen schuldlos. Wir fragen deshalb ausdrücklichst an:

1. Aus welchen Gründen werden diese Leute festgehalten?
2. Wie lange gedenkt man diese Leute noch festzuhalten?
3. Was wird mit diesen Leuten geschehen, welche übereilt festgenommen und somit unschuldig ihrer Freiheit beraubt worden sind?

---

[72]) Nach: Untersuchungsausschuß, 4. Reihe, Bd. IX, 1, S. 283 f

Von der genauen Beantwortung dieser Fragen wird es abhängen, welche Gegenmaßregeln unsererseits getroffen werden müssen, um unsere Kameraden vor derartigen Übergriffen zu schützen. Wir bitten um Antwort innerhalb 24 Stunden Bedenkzeit in Form einer Aussprache, *SMS Westfalen* Leute, welche nicht mit englischem Geld bezahlt werden, aber stets bereit sind, einer gerechten Sache zu dienen und ihren Willen durchzusetzen. Sollte unsere Hoffnung auf Beantwortung unserer Fragen sich nicht bestätigen, machen wir darauf aufmerksam, daß wir mächtig genug sind, unseren Willen zu erzwingen, wenn es sein muß, mit Gewalt. Wir bitten also dringend um Beantwortung unserer Fragen, ehe wir zu Gewaltmitteln schreiten müssen.

SMS Westfalen, im August 1917.

Nr. 6 Kommando der Hochseestreitkräfte, Gg. 6025 B. I.
Umdrucksache Nr. 137

den 7. Oktober 1917.

Ganz geheim

1. Die Vorgänge, die sich in den letzten Monaten unter den Besatzungen der mir unterstellten Streitkräfte abgespielt haben, liegen jetzt bis ins einzelne zutage, so daß ihre Ursache und ihr Verlauf ganz übersehen und die gegen ihre Wiederholung zu ergreifenden Maßnahmen klar erkannt werden können.
Aus den gerichtlichen Untersuchungen und den sie ergänzenden Berichten ergibt sich folgendes:

2. Auf allen dem Kommando der Hochseestreitkräfte unterstellten Fahrzeugen waren, wie auch im Deutschen Reich und an den Fronten, im Laufe des Sommers die Verpflegungsverhältnisse ungünstig. Die Kriegslage zwang dazu, die schweren Seestreitkräfte zurückzuhalten, und es fehlte dadurch für deren Besatzungen die starke äußere Anregung, und die durch rege Kampftätigkeit stets wachgehaltene Überzeugung von der Notwendigkeit weiteren Durchhaltens. Besuche in der Heimat und die von dort kommenden Klagebriefe ließen die Verpflegungsschwierigkeiten im Lande nicht geringer scheinen, als sie waren, und die Sorge um die zeitweise schwer mit der Not des Lebens ringenden Angehörigen lähmte die Freudigkeit, unter den eintönigen Bordverhältnissen weiter auszuhalten.

3. Die Forderungen der U-Bootwaffe erzeugten fortwährenden Wechsel der Vorgesetzten und zwar gerade derjenigen, die am meisten mit den Leuten in Berührung gestanden und sich bewährt hat-

ten. Diese fühlten sich nicht mehr so geführt und beaufsichtigt wie sie es gewohnt waren. Die Freizeit, die reichlicher als sonst bemessen war, um bei dem mäßigen Verpflegungssatz die Kräfte zu erhalten, bot Gelegenheit zu eingehender Beschäftigung mit politischem Lesestoff. Da gerade in dieser Zeit die Fragen der inneren Politik alle Gemüter in Deutschland beschäftigten, mußten sie unter den vorhandenen Umständen auch an Bord besonders unter den an politische Betätigung schon gewöhnten alten Leuten lebhaften Widerhall finden. So kam es, daß bei einzelnen durch Intelligenz aus der Masse hervorstechenden Leuten Gedanken wie die der russischen Revolution Eingang fanden.

4. Diese Leute suchten und fanden bald Gleichgesinnte und aus dem Streben, ihren Gedanken weiteren Eingang zu verschaffen, bildete sich eine Organisation, die ganz nach bewährten politischen Mustern arbeitete.
Die geistige Leitung lag bei dem Oberheizer Sachse auf *Friedrich der Große*. Hier wurde die Zentrale für die ganze Flotte eingerichtet. Auf jedem Schiff sollten Vertrauensleute geworben werden und diese wieder für Aufklärung der Masse durch Untervertrauensleute bei den einzelnen Divisionen sorgen. Leute, die das Talent zum Agitator in sich fühlten, fanden sich mehr als genug.

5. Gefährlich wurde die Bewegung in dem Zeitpunkt, als die Verbindung mit den Führern der USPD des Reichstages hergestellt war. Diese wußten unter sorgfältiger Schonung der eigenen Person die Leute in eine ganz bestimmte Richtung einzustellen. Es sollten in der Flotte möglichst viele Unterschriften gesammelt werden, mit denen sie dann als Vertreter ihrer Partei auf der Stockholmer Konferenz den Abgeordneten der feindlichen Staaten gegenübertraten und beweisen wollten, daß die Besatzungen der deutschen Flotte hinter ihnen und ihrem Ziel ständen. Als dieses wurde möglichst baldiger annexionsloser Friede bezeichnet.
Um die Regierung dazu zu zwingen, sollte an einem von der Parteileitung zu bestimmenden Tage, gleichzeitig mit dem Generalstreik aller Rüstungsarbeiter, die bewaffnete Macht den Gehorsam verweigern.

6. Mit dem Schlagwort „baldiger Friede“ waren weitere Kreise der Besatzungen in ihrer oben geschilderten Stimmung leicht zu betören. Wurde den Leuten nun klar gemacht, daß mächtige Männer in Berlin hinter ihnen ständen, daß die Bewegung in den feindlichen Ländern genauso bestände und daß sie, da man keine Gewalttat beabsichtige, gar nichts Vaterlandsverräterisches täten, so mehrten sich die Einzeichnungen in solche Listen schnell. Im übrigen wurden, wo

erst eine Anzahl Anhänger gewonnen war, auch andere Mittel als bloße Überredung nicht gescheut, die Mitläufer zusammenzutreiben. Es steht aber auch fest, daß eine große Anzahl Unterschriften unter harmlosen Vorwänden erschlichen ist.

7. Ein sehr unglückliches Zusammentreffen war es, daß gerade in dieser Zeit die Verordnung über Mannschaftsverpflegungsausschüsse erlassen wurde. Die Verordnung legte nur eine auf vielen Schiffen bereits bestehende, in der Armee längst vorhandene Einrichtung allgemein fest. Gerade in diesem Zeitpunkt aber bot sie Gelegenheit, daß unter der Losung „Besprechung von Verpflegungsangelegenheiten" die Ausschüsse der Schiffe, namentlich solcher, wo die Mitglieder der Ausschüsse ganz oder teilweise aus der Mannschaft heraus vorgeschlagen waren, zusammenkamen. Bei diesen Verhandlungen ging nach anfänglicher Besprechung der Verpflegungsfragen die Erörterung sehr bald auf politische Ziele und Werbetätigkeit für die USPD über. Diese Versammlungen fanden zum Teil in Wirtschaften in Wilhelmshaven und Umgebung oder in der Nähe der Liegeplätze der Schiffe, in Schuppen, Neubauten, Eisenbahnwagen oder dergleichen statt.

8. Es war selbstverständlich, daß die Unruhe, die in die Besatzung hineingetragen wurde, sich bald irgendwie äußern mußte.
Die eigentlichen Führer, die vielleicht wirklich glaubten, ihre Ideale zu vertreten, traten hinter den Vertretern der Propadanda der Tat, rücksichtslosen, meist vielfach bestraften Leuten zurück, in denen der Geist der Auflehnung nach Betätigung drängte.

9. Es kamen mehrfach Essensverweigerungen der Besatzungen vor und es gab auch andere Zeichen dafür, daß die Dienstfreudigkeit nachgelassen habe.
Die Vorgesetzten gingen durchaus nicht achtlos an diesen Erscheinungen vorüber, suchten aber die Erklärung in den Verpflegungsverhältnissen und in der durch die lange Kriegsdauer bedingten Abspannung.

10. Der erste Vorfall ernster Art ereignete sich auf *SMS Pillau*, wo ein Teil der Besatzung (etwa 140 Mann), weil die Urlaubsregelung nicht ihren Erwartungen entsprach, am Nachmittag des 20. Juli — das Schiff lag in der Werft — heimlich sich von Bord entfernte und erst bei Beendigung der Dienstzeit wiederkehrte.

11. Ein ganz ähnlicher Vorfall ereignete sich am 1. 8. auf *Prinzregent Luitpold.* Auch hier entfernten sich unbemerkt 50 Mann von der Werft, zogen außerhalb derselben in geschlossenem Zuge zum Deich und kehrten nach einigen Stunden wieder.
Hier wurde scharf eingegriffen und 11 Mann, die durch schlechte

Führung bereits belastet oder als Rädelsführer festgestellt waren, zu gerichtlicher Untersuchung gebracht oder mit den höchstmöglichen Disziplinarstrafen belegt.

12. Als Demonstration gegen diese Bestrafung wurde zum nächsten Tage ein Ausmarsch der ganzen Besatzung verabredet. Der Entschluß wurde am nächsten Tage tatsächlich ausgeführt. An dem Ausmarsch nahmen etwa 400 Mann teil. Sie zogen auf dem Deich nach Rüstersiel, unterwegs wurden von dem Rädelsführer, dem mit dem Tode bestraften Heizer Köbis, aufrührerische Reden gehalten, im übrigen aber konnten die Leute nach einigen Stunden ohne Anwendung von Gewalt zurückgeholt werden.
Die Untersuchung dieses Vorfalls führte zur Entdeckung der Bewegung und der ganzen Organisation.

13. Während die Ermittlungen darüber noch schwebten, ereignete es sich auf *SMS Westfalen,* daß beim Kohleneinnehmen eine Anzahl Leute zunächst nicht mitantreten wollte und erst durch Eingreifen älterer Vorgesetzter zum Gehorsam zurückgeführt werden konnte. Auch auf *Rheinland* kamen Disziplinwidrigkeiten vor, so z. B., daß eine große Anzahl Leute gemeinsam bei der Musterung vortrat, um so Urlaub zu erzwingen. Die Untersuchung dieser Vorfälle führte zur Entdeckung, daß die revolutionäre Bewegung auch auf das erste Geschwader übergegriffen hatte. Trotzdem hier die Führer sofort verhaftet wurden, wurde von den übrigen Anhängern der Gedanke mit fast fanatischer Zähigkeit weiter verfolgt. Immer neue Vertrauensleute traten an die Stelle der Verhafteten und suchten Verbindung mit den Gesinnungsgenossen der Zivilbevölkerung. Trotz aller Überwachung wurde schließlich wieder eine Versammlung zustande gebracht, die indessen von der Polizei aufgehoben wurde und zur Verhaftung des Mittelsmannes der USPD in Kiel und der Vertrauensleute verschiedener Schiffe führte.

14. Die in den gerichtlichen Verfahren ergangenen Urteile sind bzw. werden noch allgemein bekannt gemacht.
Selbstverständlich ist auch gegen alle übrigen nicht gerichtlich zu belangenden Beteiligten mit aller Schärfe vorgeschritten worden. So sind gegen die Besatzung *Prinzregent Luitpold* über 200 Arreststrafen (darunter 50 Mann mit 14 Tagen strengem Arrest) verhängt, etwa 150 Leute aus dem Dienstgrad der Obergemeinen entfernt.

15. Man darf annehmen, daß die schweren Strafen, die schon verhängt oder noch zu erwarten sind, die Besatzungen zur Besinnung gebracht haben und daß, nachdem die Vorgesetzten die Gefahr erkannt haben, sie für den Augenblick beseitigt ist. Ihr Wiederaufleben zu verhindern ist jetzt die wichtigste Aufgabe.

16. Die nachstehenden Punkte sind aus dem zahlreichen beim Flottenkommando zusammengekommenen Material gewonnen. Sie sind zum Teil bereits von einzelnen Befehlshabern oder dem Flottenkommando hervorgehoben.

Verpflegung

a) In vielen Zuschriften, auch von durchaus unvoreingenommener, wohlgesinnter Seite, kehrt immer die Klage wieder, daß die Offiziere ein Wohlleben führten und die Mannschaft Not leiden ließen. Selbstverständlich sind böswillige Entstellungen der Briefschreiber oder ihrer Gewährsmänner der Untergrund zu diesen Klagen. Sie zeigen aber, wie sehr die Augen der Mannschaft auf die Offiziere gerichtet sind und daß diesen daraus die Pflicht erwächst, sich auch in ihrem außerdienstlichen Verhalten stets ihrer Stellung als Führer, aber auch als Kameraden bewußt zu bleiben. Es muß deshalb in den Messen, auch wenn die Mittel es noch gestatten sollten, ein erheblicher Unterschied gegen die Mannschaftsverpflegung vermieden werden und beim kameradschaftlichen Zusammensein, das zur Erhaltung der Dienstfreudigkeit im oft einförmigen Bordleben gepflegt werden muß, Maß gehalten werden.

b) In mehrfachen namenlosen Zuschriften, deren Schreiber erfreulicherweise sich teilweise haben ermitteln lassen, aus Redereien der Leute, auf Urlaub und auf Bahnfahrten zeigt sich, daß die Hetzer besonders dadurch das Vertrauen zu den Vorgesetzen zu untergraben suchen, daß sie behaupten, diesen flössen Vorräte zu, die der Mannschaft entzogen würden. Es sind keine Beweise für diese Behauptungen erbracht worden, es muß aber jeder Offizier für seine Person sorgsamst auf Befolgung der erlassenen Betimmungen bedacht sein und von den Teilnehmern aller Messen sowie den Unteroffizieren muß strenge Selbstzucht in dieser Richtung verlangt werden. *Jede irgendwie auf derartiges deutende Äußerung muß unnachsichtlich verfolgt werden, bis der Wahrheitsbeweis erbracht ist oder der Verleumder zur Rechenschaft gezogen werden kann.*

c) Durch Erhöhung des Verpflegungsgeldes sowie der Brotportion hat sich eine bessere Verpflegung erreichen lassen, es ist sichergestellt, daß die Frage dauernd in Fluß bleibt und den Besatzungen tatsächlich die möglichen Höchstsätze verabfolgt werden können, was eine Zeitlang wegen der Kosten nicht geschehen konnte.

17. Erziehung und Belehrung sowie Sorge für die Mannschaften

a) Das beste Mittel zur Erhaltung einer guten Manneszucht ist ein Dienstplan, der unter Erhaltung des gefechtsmäßigen Ausbildungsstandes jede mögliche Abwechslung bringt und so die Leute frisch hält. Die Freude an körperlicher Übung muß gepflegt werden. Sportfeste und Wettkämpfe, an denen aber möglichst viele, nicht nur einzelne besonders ausgebildete Leute der Besatzungen sich beteiligen, werden belebend und anregend wirken. In allen Fällen ist rege Beteiligung der Offiziere erforderlich. Ausflüge, auch im Winter, sind ebenfalls für den gewollten Zweck sehr nützlich.

b) Daneben muß dem, namentlich bei vielen älteren Leuten, starken Bedürfnis nach geistiger Beschäftigung Rechnung getragen werden. Die wohl überall aus Kantinenmitteln gehaltenen Tageszeitungen genügen dafür nicht. Die Verwaltung der Mannschaftsbüchereien und ihre Ergänzung durch die zahlreichen guten Neuerscheinungen, die zu billigen Preisen zu haben sind, verdient volle Aufmerksamkeit.

Jeder Offizier muß seinen Leuten das Interesse an den kriegerischen Ereignissen an allen Fronten wachhalten. Auch die Kriegslage zur See, ihre Entstehung und ihre Entwicklungsmöglichkeiten bietet reichen Belehrungsstoff. Ohne Geheimnisse zu verraten kann an Hand eigner und fremder Presseartikel klargelegt werden, wie unsere Situation ist und warum dauernde Gefechtsbereitschaft verlangt werden muß.

Außerdem muß Unterhaltung und Belehrung durch geeignete Offiziere oder andere Persönlichkeiten, die vielleicht im Bekanntenkreis der Offizierkorps zu finden sind, gepflegt werden. So manche Episode aus den Anfängen des Weltkrieges ist hinter neueren Ereignissen zurückgetreten. Es sei der demnächst heranstehende Jahrestag des Sieges von Coronel, die Kreuzerfahrten *SMS Emden, Karlsruhe, Königsberg* erwähnt.

Die Entstehung des Krieges ist ein sehr wichtiges Kapitel, über das Aufklärung erforderlich ist. Als Vorbereitung dazu empfiehlt es sich, Abschnitte aus der Geschichte unserer Feinde aus früheren Zeiten zu behandeln und ihre damaligen Handlungen und Worte mit ihrem ganz ähnlichen Verhalten vor und in diesem Kriege zu vergleichen. Durch nichts wird die Absicht unserer Gegner, Deutschland niederzuwerfen, glaubwürdiger bewiesen. Und gerade diese Absicht wird von den deutschen Vertretern der Internationale immer bestritten.

Von zwei Leuten der Besatzung eines zur Flotte gehörigen Schiffes, die auch in das noch schwebende Verfahren verwickelt sind, ist eine Hetzschrift verfaßt, die ebenfalls behauptet, daß der Krieg von uns für kapitalistische Interessen entfesselt sei und mit dem Blut der Arbeiter geführt werde. Die Vertreter solcher verbrecherischen Ansichten können oder wollen nicht sehen, daß sie nur Werkzeuge in der Hand der Feinde sind. Ihr Wirken zeigt aber, *wie verhältnismäßig leicht es ist, auf die Gedankenrichtung des Mannes führenden Einfluß zu gewinnen.*

Für alle Vortragsgegenstände dieser Art findet sich reiches Material in der Tagespresse und den vom Kriegspresseamt herausgegebenen Schriften. Die Vortragenden dürfen innerpolitische Themata nur soweit dringend notwendig berühren und müssen sich von ihrer einseitigen Beurteilung freihalten. Das Ziel muß sein, den Mannschaften die Gefahren zu zeigen, die in Uneinigkeit und innerem Zwiespalt liegen, um sie in ihrem Willen zum Durchhalten bis zum Siege zu stärken.

c) Der Offizier muß nicht nur in Verpflegungsfragen, sondern auch sonst sich stets seiner verantwortungsvollen Aufgabe bewußt sein. Freude am Vaterland, Liebe zum Herrscherhause müssen ihn bei jeder Beschäftigung mit politischen Ereignissen leiten. Bei Besprechung politischer Vorgänge muß stets die nötige Zurückhaltung gewahrt werden. Dasselbe gilt für Besprechung dienstlicher Fragen. Die Mannschaft hat ein sehr feines Ohr für die Stimmung der Offiziere und unbedachte Äußerungen werden stets in maßlos vergröberter, entstellter Form unter der Mannschaft Verbreitung finden und den guten Geist und das Vertrauen zu den Vorgesetzten erschüttern.

d) Bei den vielen Sorgen, die den Leuten zu Hause erwachsen, ist verständnisvolles Eingehen der Vorgesetzten auch auf scheinbar kleine Anliegen notwendig.
Gerade bei der Regelung des Urlaubs, in der Erledigung von Gesuchen und Beschwerden, werden, wie zahlreiche hier bekannt gewordene Fälle beweisen, grobe Fehler gemacht, die dann den übelwollenden Elementen willkommene Handhabe für ihre Wühlarbeit geben.
Ihre Wirkung zeigt sich in der Tatsache, daß so häufig von namenlosen Briefen Gebrauch gemacht wird, und daß die Leute ihre Wünsche und Beschwerden durch ihre Eltern, ihre Frauen, auch durch Abgeordnete nicht nur bei ihren direkten Vorgesetzten, sondern beim R.M.A., Flottenkommando oder bei der allerhöchsten Stelle anbringen lassen.
Die Erledigung der Gesuche wird dadurch nur verzögert und *es spricht weder für den Mann noch für das Vertrauen, das er zu seinen Vorgesetzten hat, wenn solche Umwege benutzt werden.*

18. Abwehrmaßnahmen

a) Man darf sich nicht darüber täuschen, daß ein gewisser Teil der Leute, sei es aus Neigung, sei es infolge der Bearbeitung durch die Agitatoren, auf die Ziele der revolutionären Partei eingeschworen ist. Es ist ein hoffnungsloses Unterfangen, diese Leute, die ihrer Überzeugung leben, bekehren zu wollen. Es muß nur verhindert werden, daß sie, solange sie Soldaten sind, als Verbreiter ihrer Grundsätze wirken und dadurch die militärische Disziplin untergraben. Wie diese

Leute herauszufinden und zu überwachen sind, muß jedem verantwortlichen Vorgesetzten überlassen bleiben. Die Namen solcher Leute sind dem Flottenkommando mitzuteilen, das, soweit möglich, für die Überwachungsmaßnahmen sorgen wird, die außerhalb der Befugnisse der Schiffskommandos liegen. An Bord muß darauf geachtet werden, daß die guten Elemente an den Vorgesetzten die nötige Stütze finden, da die Hetzer in rücksichtsloser Roheit und unter Drohungen versuchen, diesen Leuten das Leben an Bord zu verleiden, um sie dadurch zum Anschluß zu bewegen.

b) Es wird noch auf einige Punkte aufmerksam gemacht, die bei den Untersuchungen hervorgetreten sind.

1. Die Anhänger der USP sollen diese drei Buchstaben in Mitteilungen so anwenden, daß ein Wort am Anfang des Briefes mit U, eins in der Mitte mit S, und eins am Schluß mit P anfängt.

2. Versammlungen werden, soweit die scharfe Überwachung es noch dazu kommen läßt, unter freiem Himmel abgehalten, da so die Gefahr der Überraschung geringer ist.

3. Die Mitglieder der USP versuchen sich gegen Verrat durch besondere Kennzeichen zu sichern. Als solche sind bisher festgestellt:

a) An geraden Tagen die linke, an ungeraden Tagen die rechte Hand in der Tasche.

b) Runde Blechmarken mit F. T.-Namen des Schiffes und einer Nr. oder Mitgliedskarte.

c) Losungsworte, z. B. die Frage: „Kann man hier Karten spielen?"

4. Es soll stets versucht werden, Verbindung mit Signal- und F. T.-Personal zu bekommen, um Nachrichten mit den anderen Schiffen auszutauschen.

5. Burschen und Ordonnanzen sollen bewogen werden, Abschriften von interessanten geheimen Schriftstücken zu beschaffen.
Auf diesem Wege Stempel oder wenigstens abgestempelte Formulare und Briefumschläge zu erlangen. So ist ein Mann mit Hilfe gestohlener abgestempelter Urlaubsscheine, auf denen er die Unterschrift fälschte, mehrfach nach auswärts gefahren. Wichtige Mitteilungen sollen, um sie vor der Postüberwachung zu sichern, als Dienstbriefe abgestempelt befördert werden. Es wird auch versucht, Siegelmarken von alten Briefen abzulösen, um sie bei solchen scheinbaren Dienstbriefen wieder zu verwenden.

6. Bei Anfertigen von namenlosen Briefen oder bei verbrecherischen Anschlägen sollen Fingerabdrücke vermieden und es soll mit Tüchern oder Handschuhen gearbeitet werden.

7. Wer verhaftet wird, soll immer nur für sich selbst sprechen, keinen Namen eines anderen nennen.

8. Wenn Verhaftungen in solcher Angelegenheit nötig werden, ist folgendes zu beachten:

Sofort völlige Isolierung des einzelnen Beschuldigten (auch kein gemeinsamer Transport). Eingehende Revision der Spinde und Luftschächte im Bereich der früheren Tätigkeit des Festgenommenen. Allgemeine Spindmusterung, Festnahme der Leute, bei denen Listen mit Namen, Geburtstag, Heimatort und Beruf, oder Erkennungszeichen oben beschriebener oder ähnlicher Art gefunden werden, Sperrung der Post der Festgenommenen. Allgemeine geheime Postüberwachung für alle Mannschaften ausschließlich Unteroffiziere.

c) Es ist erstaunlich, welche zähe Kraft der revolutionären Bewegung innewohnt, und es bedarf größter Aufmerksamkeit aller Stellen, ihr erneutes Aufflackern zu verhindern.
Die Aufgabe ist für die Kommandos, die viele alte Leute, dafür aber zahlreiche junge oder unerfahrene Vorgesetzte haben, nicht leicht. Um so wichtiger und verantwortungsvoller wird es für die Kommandanten, ihre Untergebenen dazu zu erziehen, daß sie sich als Vorgesetzte stets ihrer hohen Verantwortung bewußt bleiben, ruhig ohne innere Unsicherheit den Dingen ins Auge sehen und ihren Untergebenen gegenüber ihre Pflichten, aber auch ihre Rechte genau kennen und aus dieser Kenntnis heraus entschlossen und ohne Scheu vor Verantwortung handeln. **gez. Scheer.**"

Geheim!

Nr. 7 Richtlinien für die Belehrung der Mannschaft nach den vorgekommenen Ausschreitungen.

Anlage zu K. d. H. G. 9900 vom 4. November 1918.

1. Es ist festgestellt, daß fast wörtlich übereinstimmend auf allen Schiffen, auf denen Unruhen ausbrachen, folgende Erklärung abgegeben wurde: Sie wüßten, daß die Flotte einen Vorstoß gegen England hätte machen wollen. Diese Absicht stände in Widerspruch zu den Wünschen der Regierung. Der Reichskanzler hätte befohlen, es sollte nicht mehr gekämpft werden. An der Westfront wird auch nicht mehr gekämpft. Die Offiziere seien Alldeutsche und wollten bei dem Waffenstillstand nicht die Schiffe ausliefern; sie wollten sie daher gegen den Feind führen, um „in Schönheit zu sterben"

und die dann übriggebliebenen Schiffe versenken. Dieser Vorstoß würde den Frieden nur verzögern und außerdem viel kostbares, junges Blut kosten, das erhalten bleiben müsse. Sie würden daher nur noch bis Helgoland fahren, aber nicht mehr heizen, wenn es gegen Westen ginge.
Außerdem war die Auffassung verbreitet, daß mit demselben Augenblick der Friede da wäre, wenn der Kaiser abdankte und daß sie dann — ledig ihres Eides — sofort nach Hause fahren könnten. Die rechtliche Lage, daß sie als Soldaten unter dem Wehrgesetz ständen, ganz gleichgültig ob der Kaiser abdankt oder nicht, und daß danach von einem „nach Hause fahren" keine Rede sein könnte, war ihnen anscheinend völlig unbekannt.

2. Hieraus ergeben sich folgende Richtlinien, nach denen die Aufklärungsarbeit unter den Mannschaften einzusetzen hat:

a) Als Soldaten haben weder Offiziere noch Mannschaften Politik zu treiben. *Die Flotte erhält ihre Befehle von der Regierung und führt sie aus.* Die von Offizieren gegebenen Befehle, *die sich auf den von der Regierung zur Verwendung der Flotte gegebenen Anweisungen aufbauen,* sind daher unter allen Umständen zu befolgen.
Es besteht kein Gegensatz zwischen dem Offizierkorps der Flotte und der Regierung. Solche Behauptungen sind Lüge.

b) Der Befehl des Reichskanzlers, daß nicht mehr gekämpft werden solle, besteht nicht. Wenn die Leute das behaupten, so stehen sie im Gegensatz zur Regierung. Die Regierung will, wie wir alle, den Frieden herbeiführen. Das heißt aber, daß solange gekämpft werden muß, bis der Waffenstillstand von der Regierung befohlen ist. Tun wir das nicht, so erhalten wir drückendere Friedensbedingungen, als wenn der Feind sieht, daß wir stark bleiben und den Kampf nicht scheuen. Kommt der Feind nicht mehr vorwärts, erleidet er schwere Schlappen, so wird er sich eher zum Waffenstillstand bereit finden lassen, als mitten im Siegeslauf.

c) *Die Offiziere befinden sich im vollsten Einverständnis mit der Regierung, sie sind die ausführenden Organe der Regierung,* sie sind weder Alldeutsche noch Politiker, sondern sind der Regierung dafür verantwortlich, daß die Flotte als Kampfinstrument stark bleibt. Stark aber bleibt sie nur, wenn Disziplin herrscht und die Befehle der Vorgesetzten ausgeführt werden.
Wenn sich die Unruhestifter als Vertreter des Willens der Volksregierung bezeichnen, so haben sie dafür keinerlei Unterlage. Können sie einen Befehl von ihr für ihr Verhalten vorweisen?
Die zu erwartende Veröffentlichung der Regierung, daß die Offi-

ziere als Vollstrecker des Willens der Regierung anzusehen sind, nimmt den Unruhestiftern jede Unterlage, sich den Befehlen der Vorgesetzten zu widersetzen. Sie setzen sich dann in Gegensatz zur Regierung, nicht die Offiziere.

d) *Inwieweit die Flotte eingesetzt wird, befiehlt die Regierung.* Daher darf den Mannschaften keinerlei Zusicherung gegeben werden, daß die Flotte z. B. nur innerhalb des englischen Sperrgebietes der Deutschen Bucht verwendet werden würde. Es können jederzeit Ereignisse eintreten, die dazu zwingen, z. B. den beabsichtigten Einbruch der feindlichen Flotten außerhalb des „Minengürtels“ abzuwehren; oft ist der Vorstoß am besten geeignet, feindliche Angriffsabsichten zu verhindern.

e) Jeder Vorgesetzte — Offizier, Deckoffizier, Unteroffizier, Korporalschaftsgefreite, Heizraumältester — ist an seiner Stelle verantwortlich, daß den Befehlen gehorcht wird, und daß er auf seine Untergebenen und Kameraden in günstigem Sinne einwirkt. Das ist jeder Vorgesetzte sich selbst und seinen Kameraden sowie Untergebenen schuldig.

f) *Widerstand gegen die Befehle der Vorgesetzten und damit gegen die Regierung muß daher mit allen Mitteln gebrochen werden,* damit der Wille der Regierung durchgesetzt werden kann. Solange die Regierung nicht befiehlt, daß den Vorgesetzten nicht mehr gehorcht werden braucht, solange sind die Vorgesetzten verpflichtet, ihren Befehlen Geltung zu verschaffen.

g) Wie kommt es, daß die U-Boote, Torpedoboote, Geleitflottillen, Minensucher, Flieger, Luftschiffe und viele Schiffe der Flotte von solchen Unruhen nichts wissen wollen? Sind auf diesen Fahrzeugen nicht auch denkende Leute, die sich über die Ziele und den Willen der Regierung ein Bild machen? Warum folgen die ihren Vorgesetzten? Es muß also wohl die Auffassung bei ihnen von den Zielen der Regierung nicht die gleiche sein, wie bei den Unruhestiftern. Und diese Leute wissen, daß nur eine Flotte, in der Disziplin herrscht, stark bleibt.

h) Einzelne Schiffe sind aber nicht nur bis nach Helgoland gefahren, sondern haben sich geweigert, Anker zu lichten, mit der Begründung, sie würden ja doch nur getäuscht und sollten gegen den Feind. Wie soll man solche Schiffe gegen den Feind führen, wenn er bei Helgoland erscheint? Dann würde es wieder heißen, der Feind ist gar nicht da, das wird uns nur vorgelogen. Wo bleibt dann die Ausführung ihres Versprechens, dann wie ein Mann zu kämpfen, wenn der Feind in die Deutsche Bucht käme?

3. *Wo ein entschlossener Vorgesetzter ist, ist der Widerstand der jetzt noch wenigen Schreier und Hetzer leicht zu brechen. Die Leute müssen aber diesen eisernen verantwortungsfreudigen Willen fühlen. (Helgoland, Thüringen* durch *U 135* und ein Torpedoboot sofort zur Vernunft gebracht.)

4. *Führer und Offizierkorps müssen sich gegenseitig unterstützen und geschlossen auftreten. Ein „Paktieren" mit widersetzlichen Elementen führt unweigerlich auf die abschüssige Bahn.* Das Offizierkorps muß sich seiner großen und schönen Verantwortung bis ins tiefste bewußt sein, Führer der Mannschaften zu sein und *Vollstrekker des Willens der Regierung,* der sie die Flotte kampfstark und kampfesfroh erhalten muß. Alles muß jetzt in den Dienst dieser Aufgabe gestellt werden ohne Rücksicht auf persönliche Wünsche (Urlaub usw.).

5. Keine langen Reden an die Gesamtheit halten. Durch Unterhaltung und Belehrung des einzelnen oder von Gruppen von Leuten der Hetzerei den Boden abgraben, die von außen hineingetragen worden ist. Lange Reden liefern erfahrungsgemäß mehr Agitationsstoff, als sie nützen.

6. Auf das Falsche der Auffassung, daß ein Abdanken des Kaisers sie von ihrer Wehrpflicht entbände, sind die Mannschaften besonders hinzuweisen.

7. Von den vorstehenden Richtlinien ist den Offizieren Kenntnis zu geben, damit auf jeden Fall einheitlich in der Aufklärung vorgegangen wird. Bei der Belehrung der Mannschaften im einzelnen (Ziffer 5) ist auch den Mannschaften Gelegenheit zu geben, ihre Auffassung zu sagen, damit sie nötigenfalls berichtigt und mit Gründen widerlegt werden kann. Das muß natürlich mit Vorsicht geschehen, aber es darf den Mannschaften nicht das Agitationsmittel gegeben werden: „Wir werden ja gar nicht gefragt, da wird uns was vorgelesen, aber wir dürfen ja unsere Ansicht nicht sagen und die Gründe, die wir haben, können sie uns nicht widerlegen.
Am besten kann man das in der Weise einleiten, daß man mit zuverlässigen Leuten die Sachlage und die sich daraus ergebenden Folgerungen bespricht und erläutert. So wird sie denn durch diese Leute weitergetragen und wirkt unter Umständen mehr, als wenn sie als Auffassung des Offiziers unmittelbar an die verstockten Elemente herantritt.

Nr. 8 „Kommando der Hochseestreitkräfte“

G. 9900. Umdrucksache Nr. 143. *den 4. November 1918*

Geheim!

Die ernsten Geschehnisse der letzten Zeit innerhalb der Flotte sollen für uns Vorgesetzte, vom Offizier bis zum Unteroffizier, die besten soldatischen Tugenden: *Treue gegen Regierung und Vaterland,* Hingabe der ganzen Person, feste Kameradschaft nach oben und unten, Gehorsam und Selbstzucht zur vollsten Wirkung bringen. Die Pflichten, je größer sie sind, müssen um so stärker von der Männlichkeit in der eigenen Person getragen sein. *Die persönliche Autorität, die wahre Disziplin schafft, hängt allein ab von der Fähigkeit mit klarem, bestimmten Mut und selbständigem Einsatz der Person* jeder Lage ins Auge zu sehen, der Erfolg von *selbständigem schnellen Entschluß.*

Eintreten für die Vorgesetzten, innerlicher Zusammenhalt mit den Kameraden und wohlwollend helfendes Eingehen auf alle Sorgen und Tagesnöte der Untergebenen schafft das untrennbare Band für gute und ernste Stunden.

Gehorsam ist bedingungslose Voraussetzung für jeden Organismus, der wirklich etwas leisten will, und Selbstzucht bei den Vorgesetzten ist die Grundbedingung für die Achtung der Untergebenen. *Gerade jetzt, wo unser Vaterland sich neu formt und auch wir in diese neuen Formen erst hineinwachsen müssen,* sind diese Grundtugenden der Soldaten der feste und nicht wechselnde Halt in allem. Je ernster die Zeit, um so reifer müssen wir hiermit werden, im Bewußtsein, daß jedes Nachlassen oder Sichvergessen in solcher Zeit hundertfachen Schaden tut. gez. von Hipper.“

Nr. 9 Geheim!

Hinweise für das Offizierkorps
bei der Verwertung der anliegenden Richtlinien.

Anlage I zu K. d.H. G. 9900 vom 4. November 1918.

Auffällig ist, daß bei den Unruhen in der Flotte an keiner Stelle bisher Sabotage oder Angriffe auf Vorgesetzte vorgekommen sind. Es ist also von außenstehender Seite offenbar die Parole ausgegeben worden, daß die Bewegung sich hiervon unter allen Umständen fernhalten müsse. Wenn man nun aus dieser Tatsache auf das Ziel der Bewegung schließen will, so kann folgende Schlußfolgerung möglicherweise richtig sein.

Hinter der Bewegung steckt die bolschewistische Richtung. Dieser ist die jetzige Regierung noch nicht radikal genug. Um aber ihren eigenen Bestrebungen den Anschein zu geben, als stände die Bewegung in der Flotte im Zusammenhang mit der Regierung oder handle wenigstens in ihrem Sinne, hat sie zunächst mit ihrer ausgegebenen Parole, die aus den Äußerungen der Leute ersichtlich ist (Ziffer I Anlage 2) alles vermieden, was die jetzige Regierung veranlassen könnte, sich gegen die Bewegung *klar und deutlich* auszusprechen, darum Vermeidung der Sabotage und von Angriffen auf Vorgesetzte.
Die eingeleitete Bewegung ist daher wohl zunächst nur eine Kraftprobe, wie weit man eigentlich bisher in der Flotte schon gehen kann; eine Probe, *ob sich dieser Bewegung ein geschlossener Widerstand aller besonnenen Elemente unter einheitlicher Führung des gesamten Offizierkorps entgegenstellt,* wieviel Anhänger man bei einer glücklich verlaufenen Probe gewinnt und wie weit man noch vom eigentlichen Ziele entfernt ist. Das Ziel aber bleibt, den Bolschewismus nach russischem Muster in die Marine hineinzutragen mit dem Ende, *daß bei nachgiebigem Verhalten des Offizierkorps und mit dem sich auf dieser Nachgiebigkeit entwickelnden größeren Anhang der Hetzer* die Bewegung so stark wird, daß mit den Zielen unverhüllter hervorgetreten werden und schließlich nach russischem Muster der Arbeiter- und Soldatenrat unter Abschaffung des Offizierkorps eingerichtet werden kann.
Die meisten Mitläufer sind sicherlich völlig im unklaren, wohin die Bewegung steuert.

Nr. 10 Flugblatt der Reichsregierung zur Beruhigung der Marinemannschaften

4. November 1918

Seeleute! Arbeiter!

Tiefbedauerliche Ereignisse haben sich in den letzten Tagen zugetragen. Zwischen Mannschaften, welche die Ordnung gewaltsam zu stören versuchten, und anderen, die beauftragt waren, sie aufrechtzuerhalten, ist es zu Zusammenstößen gekommen, bei denen es Tote und Verwundete gegeben hat.
Eine Untersuchung der Vorfälle ist eingeleitet, bei der alle Umstände sorgfältig geprüft werden sollen, die zu diesen beklagenswerten Ereignissen geführt haben.
Nach den uns bisher bekannt gewordenen Nachrichten ist die herr-

schende Erregung durch unsinnige Gerüchte hervorgerufen worden. Es wurde behauptet, die Offiziere der Kriegsflotte seien mit der Friedenspolitik nicht einverstanden und planten einen Handstreich, der die Mannschaften nutzlos dem Tode überliefern würde. Die Offiziere der Kriegsflotte leisten der Regierung Gehorsam und der gegen sie gerichtete Vorwurf, sie hätten diesen Gehorsam verletzt oder wollten ihn verletzen, ist unberechtigt. Niemand denkt daran, das Leben von Volksgenossen, Familienvätern zwecklos aufs Spiel zu setzen. Die Regierung hat schon am 5. Oktober den Gegnern den Abschluß eines Waffenstillstandes vorgeschlagen, um zweckloses Blutvergießen zu vermeiden.

Wenn der Waffenstillstand noch nicht abgeschlossen ist, so kommt das daher, daß die Gegner ihre Bedingungen noch nicht genannt haben. Solange die Kriegshandlungen durch den Willen der anderen Seite fortgehen, bestrebt sich die deutsche Kriegführung zu Lande und zur See, mit Menschenleben so zu sparen, wie dies mit den Zwecken notwendiger Abwehr vereinbar ist.

Die Aufgabe, unnützes Blutvergießen zu vermeiden, kommt aber nicht nur der Regierung, sondern dem ganzen Volke zu. Wir wollen den Völkerkrieg nicht abschließen, um den Bürgerkrieg zu beginnen. Gewissenlos handelt, wer durch Ausstreuung phantastischer Gerüchte Unruhe verbreitet und die Flamme des Bürgerkrieges entfacht. Beschwerden sollen untersucht, berechtigte Forderungen erfüllt werden. Die Regierung ist aber auch verpflichtet, mit allen Mitteln, die ihr zu Gebote stehen, das Volk vor dem Elend zu schützen, das ihm aus der Zerstörung jeglicher Ordnung erwachsen würde, sie ist verpflichtet, nach Recht und Gerechtigkeit zu verfahren, dafür trägt sie vor dem ganzen Volk und seiner gewählten Vertretung, dem deutschen Reichstag, die volle Verantwortung.

Seeleute! Arbeiter! Seid auch Ihr Euch der Verantwortung bewußt, die Ihr vor Euren Volksgenossen tragt. Sorgt dafür, daß die traurigen Ereignisse der letzten Tage vereinzelt bleiben und daß wir ohne blutige Wirren unsere inneren Angelegenheiten in gesetzlicher Freiheit ordnen können, dem deutschen Volk und Euch selbst zum Heil.

Max, Prinz von Baden, Reichskanzler; Scheidemann, Staatssekretär; Ritter von Mann, Staatssekretär des Reichsmarineamtes

Nr. 11 Aufruf des Kieler Soldatenrats vom 5. November 1918[73])

Kameraden! Der gestrige Tag wird in der Geschichte Deutschlands ewig denkwürdig sein. Zum ersten Male ist die politische Macht in die Hände der Soldaten gelegt. Ein Zurück gibt es nicht mehr!
Große Aufgaben liegen vor uns. Aber damit sie erfüllt werden können, ist Einigkeit und Geschlossenheit der Bewegung notwendig.
Ihr habt einen Soldatenrat eingesetzt, der einmütig mit dem Arbeiterrat handelt. Folgt seinen Anweisungen und Beschlüssen, sorgt für Ruhe und Ordnung, damit sich nichts ereignet, was gegen uns ausgenützt werden kann. Denkt auch an die Aufrechterhaltung der Ordnung in den Kasernen.
Die in später Abendstunde beim Generalgouvernement unter Beisein des sozialdemokratischen Abgeordneten Noske und des Staatssekretärs Haußmann erreichten Erfolge sind:

1. Haußmann nimmt unsere Forderungen an und verspricht beschleunigte Durchsetzung bei der Regierung.
2. Sofortiges Abbrechen sämtlicher gegen unsere Bewegung gerichteten militärischen Maßnahmen.
3. Hinwirken zum Einlaufen der Flotte.
4. Unter Mitwirkung des Arbeiterrates werden dem Soldatenrat die Akten der noch in Haft Befindlichen vorgelegt, um über deren Freilassung, mit Ausnahme der wegen unehrenhafter Handlungen Verurteilten, zu entscheiden.

Zur Ergänzung des Aktionsausschusses sind die Genossen Haase und Ledebour telegraphisch hierher gerufen worden.
Kameraden, vertraut und stützt Euch auf Euren Soldatenrat!
Die vom Soldatenrat gestellten und vom Gouverneur angenommenen vierzehn Punkte lauten:

1. Freilassung sämtlicher Inhaftierten und politischen Gefangenen.
2. Vollständige Rede- und Pressefreiheit.
3. Aufhebung der Briefzensur.
4. Sachgemäße Behandlung der Mannschaften durch Vorgesetzte.
5. Straffreie Rückkehr sämtlicher Kameraden an Bord und in die Kasernen.
6. Die Ausfahrt der Flotte hat unter allen Umständen zu unterbleiben.

---

[73]) Der Aufruf wurde in der „Kieler Zeitung“ vom 5. November 1918 abgedruckt. Veröffentlicht in: Eberhard Buchner, Revolutionsdokumente, Bd. I. Im Zeichen der roten Fahne, Berlin 1921, S. 41 f

7. Jegliche Schutzmaßnahmen durch Blutvergießen haben zu unterbleiben.

8. Zurückziehung sämtlicher nicht zur Garnison gehörigen Truppen.

9. Alle Maßnahmen zum Schutze des Privateigentums werden sofort vom Soldatenrat festgesetzt.

10. Es gibt außer Dienst keine Vorgesetzten mehr.

11. Unbeschränkte persönliche Freiheit jedes Mannes von Beendigung des Dienstes bis zu Beginn des nächsten Dienstes.

12. Offiziere, die sich mit den Maßnahmen des jetzt bestehenden Soldatenrats einverstanden erklären, begrüßen wir in unserer Mitte. Alles übrige hat ohne Anspruch auf Versorgung den Dienst zu quittieren.

13. Jeder Angehörige des Soldatenrates ist von jeglichem Dienste zu befreien.

14. Sämtliche in Zukunft zu treffenden Maßnahmen sind nur mit Zustimmung des Soldatenrates zu treffen.

Diese Forderungen sind für jede Militärperson Befehle des Soldatenrates.

Der Soldatenrat

Nr. 12 Gouvernements-Tagesbefehl Noskes vom 7. November 1918[74])

Ich bin mit dem heutigen Tage einstimmig von den Vertrauensleuten sämtlicher der neuen Richtung angeschlossenen militärischen Formationen zum Gouverneur gewählt worden und habe die Geschäfte als solcher mit gleichem Zeitpunkt übernommen.

Mir zur Seite steht der „Oberste Soldatenrat des Befehlsbereichs der Ostseestation". Dieser setzt sich zusammen aus fünf Mitgliedern, welche aus den von den Vertrauensmännern der Truppe gewählten Obmännern hervorgegangen sind.

Ich treffe meine Anordnungen in militärischen Angelegenheiten im Einvernehmen mit diesem Obersten Soldatenrat.

1. Sicherungsdienst.

Der gesamte Sicherungsdienst im Bereich des Gouvernements wird in vollem Maße wiederaufgenommen und von den Kommandanturen weitergeführt. Die Kommandanturen haben das Weitere zu veranlassen und einen entsprechenden Befehl umgehend auszugeben.

---

[74]) Nach: Heinrich Marx, Handbuch der Revolution in Deutschland 1918—1919, Bd. I, S. 96 f

2. Verwaltungsangelegenheiten.

Gehaltszahlung, Löhnung und Bekleidungswirtschaft wird in der bisherigen Weise geregelt. Die Verpflegung ist eine einheitliche.

3. Dienstregelung.

Militärischer Dienst findet nicht statt mit Ausnahme des üblichen Wach-, Verwaltungs- und Sanitätsdienstes. Kameraden, die nicht oder noch nicht mit Waffen ausgebildet sind, sind nur zu solchen Arbeiten zu verwenden, die im Interesse unseres Allgemeinwohls erforderlich sind.

4. Urlaub.

Garnisonurlaub ist für alle Kameraden in weitgehendstem Maße zu erteilen und von den zuständigen Dienststellen im Einvernehmen mit den Vertrauensleuten selbständig zu regeln.
Über Heimaturlaub folgt noch besondere Anweisung.
Urlaubskarten. Bis zum Zapfenstreich sind keine Urlaubskarten erforderlich. Diese Regelung gilt für alle Kameraden.

5. Waffentragen.

Sämtlichen nicht im Sicherheitsdienst befindlichen Kameraden ist das Waffentragen verboten.

6. Vorgesetztenverhältnis.

Die Kameraden, welche Dienstgrade innehaben, sind nur im Dienst Vorgesetzte. Die Anrede in der dritten Person fällt fort.

7. Personalmeldung.

Bis zum 15. d. Mts. sind von sämtlichen Dienststellen (auch Lazaretten) a. d. D. Meldungen über Anzahl der Iststärke getrennt nach dem Bestand vom 2. und 13. November an den Soldatenrat einzureichen, damit die Zahl der fehlenden Mannschaften festgestellt werden kann. Heimatbeurlaubte sind besonders anzuführen.

8. Ärztliches.

Eine ärztliche Untersuchung sämtlicher Kameraden ist beschleunigt durchzuführen und eine entsprechende Meldung nach Veranlassung dem Obersten Soldatenrat vorzulegen.
Kameraden! Eingedenk unserer großen Sache ist es Pflicht eines jeden von uns, mit vollster Hingabe im Interesse unseres Landes

und unseres Volkes, dem wir Freiheit und Gedeihen für die Zukunft sichern wollen, mitzuwirken!
Dieser Befehl ist sofort durch die Vertrauensleute allen Kameraden bekanntzugeben.

Einverstanden. gez. Noske

Der Oberste Soldatenrat.

Nr. 13 Lagebericht der Seekriegsleitung vom 7. November 1918[75])

Der Chef des Admiralstabes der Marine

Gr. H.Qu., den 7. Nov. 1918

Seekriegsleitung B. Nr. GgOp. Ia 846.

Ganz geheim!

Im Anschluß an S. K. L. Gg Op. Ia 814 v. 6. 11. 18.

Die seit dem 6. 11. mittags eingegangenen Meldungen ergeben folgendes Bild der Aufruhrbewegung in den Marinegarnisonen und auf der Flotte:
Kiel. Die Macht ist fest in der Hand des „Großen Soldatenrates", dessen Anordnungen von dem Abgeordneten Noske und dem Oberheizer Artelt vollzogen werden. Die Mannschaften sind auf die Schiffe und in die Kasernen zurückgekehrt, wo die Verpflegung in üblicher Weise gehandhabt wird. Offiziere erhalten Mannschaftskost. Verpflegung der Zivilbevölkerung ist noch ungestört.
Nach Angabe Noskes und zahlreicher Leute besteht kein Zweifel, daß im Falle einer Bedrohung Kiels durch die Engländer die Mannschaften sich den Befehlen der Offiziere unbedingt unterordnen werden. Angesichts der Bedeutung der roten Flagge auf See wird außerhalb Kiels Kriegsflagge gesetzt werden. Es ist allgemeine allmähliche Waffenabgabe im Gange. Munition wird von den Delegierten des Soldatenrates verwahrt. Ebenso hat dieser Patrouillendienst eingerichtet. Beim Abtransport einer Kompagnie des I. R. 163 am 4. 11. abends kam es am Bahnhof zu Schießereien zwischen Marinesoldaten untereinander. 12 Tote, 26 Verwundete. Am 5. mittags erhält Abgeordneter Noske von Versammlung auf Wilhelmsplatz ausübende Gewalt.
Privathäuser, Geschäfte, Krankenhäuser unbehelligt. Straßenbahnverkehr eingestellt. Banken zumeist in Betrieb. Soldatenrat ent-

[75]) Nach: Untersuchungsausschuß, 4. Reihe, Bd. X/I, S. 293 ff

scheidet über Sicherheitsdienst und Aufgaben des Polizeipräsidiums. Abhalten von Versammlungen ist von seiner Genehmigung abhängig. Gouverneur hat Erlaß an Offiziere gerichtet, in dem zur Ruhe und Besonnenheit ermahnt wird. Soldatenrat hat Flugblatt verteilt, in dem er alle seine vorstehend aufgeführten Befugnisse bekanntgibt und zu unbedingtem sofortigen Gehorsam auffordert.

Wilhelmshaven. Über die Vorgänge in Wilhelmshaven liegt folgende Meldung des Hochseekommandos vom 6. 11., 8 Uhr abends, vor: Heute morgen Demonstrationsumzüge, an denen starke Teile der Schiffsbesatzungen der Flotte teilnahmen. Flottenstab und größere Teile des Offizierkorps wurden auf *Baden* versammelt. Gegen Mittag kehrten Demonstranten zurück, zwei Abordnungen kamen auf ihre Bitte an Bord, um sich zur Aufrechterhaltung der Ordnung zur Verfügung zu stellen und Wiederanbordnahme der Demonstranten und Wiederaufnahme des gewöhnlichen Bordzustandes unter Rücknahme der Waffenvorbereitungen zu erbitten. Sie baten außerdem, Abordnungen zu einer für heute nachmittag anberaumten Versammlung entsenden zu dürfen, in der über Formulierung ihrer Wünsche und etwaige Bedeutung des Soldatenrates verhandelt werden sollte. Ich habe das zugesagt und mich bereit erklärt, ordnungsmäßig vorgebrachte Wünsche zur Entscheidung zur Kenntnis der Regierung zu bringen.

12 Uhr nachts meldet Hochseechef dann weiter: Die mir zur Verfügung stehenden Machtmittel reichen nicht mehr aus, um den Befehl, Widerstand zu brechen, auszuführen. In Übereinstimmung mit Stationschef werde ich jetzt versuchen, durch Einwirkung und gegebenenfalls Unterstützung der besonnenen Elemente, solange sie sich auf den Boden der Regierungssozialisten stellen und Gewaltmaßregeln unterlassen, zum Aufrechterhalten der Ordnung beizutragen.

Die Meldungen des Stationschefs geben das gleiche Bild. Es ist alles ruhig in der Stadt, aber die Vorgesetzten haben keine positive Macht mehr. Rote Flaggen sind nicht gesetzt. Zur Verteidigung beim Angriff wollen die Leute in überwiegender Mehrzahl kämpfen. Ihre Forderungen sind die üblichen. Gouverneur hat in Entlassung leichterer Gefangener eingewilligt, auf alle übrigen Forderungen ausweichend geantwortet.

Geestemünde. In dieser Festung haben sich die Aufrührer ebenso wie in Wilhelmshaven zu Herren der Lage gemacht. Ausschreitungen sind nicht gemeldet. Die Forderungen sind die üblichen.

Warnemünde. Auch hier sind die Soldaten die Herren der Lage, verhalten sich aber sonst ruhig.

Seestreitkräfte. I., III., IV. Geschwader und I. A. Gr. sind in der

Hand der Matrosen, die formell zwar den Offizieren das Kommando überlassen, aber tatsächlich die Macht ausüben. Diese Verbände sind als Kriegsinstrument nicht mehr anzusehen.

I. G. liegt in Brunsbüttel, III. vor Travemünde, hat anscheinend Absicht nach Kiel zu gehen, IV. Geschwader liegt vor Helgoland zu Anker und I. A. Gr. vor Cuxhaven.

Die Torpedoboote und Minensuchboote liegen in Wilhelmshaven, Cuxhaven, Geestemünde und List und stehen gleichfalls unter dem Zwang der Aufrührer.

Insel Helgoland und Borkum noch treu. Auf Ems zwei kleine Kreuzer, anscheinend noch ruhig.

Von der 4. A. G. sind *SMS Regensburg, Brummer, Bremse,* in Swinemünde von dem F. 4. A. G. K A. v. Karpf außer Dienst gestellt, die Besatzung beurlaubt, um sie dem Einfluß der „Roten" zu entziehen. Gleiches ist mit *SMS Dresden* und einigen Torpedobooten sowie *SM U-Boot U 9* geschehen.

Nach den heute im Laufe des Tages eingegangenen Erkundigungen kann damit gerechnet werden, daß etwa dreißig fahrbereite U-Boote und einzelne Torpedoboote noch zuverlässig sind. Von diesen sind etwa zwanzig U-Boote unter Führung des Kommandeurs Michelsen heute aus Helgoland ausgelaufen, angeblich nach List.

Die in der Ostsee befindlichen zuverlässigen Streitkräfte werden unter einem Befehlshaber in einem einwandfreien Hafen der mittleren Ostsee gesammelt, um von da für weitere Maßnahmen zur Verfügung zu stehen.

Aus Kiel und Wilhelmshaven stammende Matrosen haben die Bewegung nach Hamburg, Bremen und Hannover übertragen. In Berlin sind zahlreiche Offiziere aus den Marinegarnisonen eingetroffen; die näheren Gründe hierfür werden festgestellt. In Berlin ist eine Abordnung Mannschaften des III. G. unter Führung des II. Adm. dieses Geschwaders K. A. Feldt eingetroffen, ihre Wünsche bei der Regierung vorzutragen. Im übrigen werden in Berlin eintreffende Matrosen ohne ordnungsmäßigen Urlaubsschein festgenommen.

Die aus den Adriahäfen in Deutschland ankommenden Marinetransporte werden nicht nach Kiel und Wilhelmshaven geleitet, sondern nach Anweisung des R. M. A. in ruhigen Orten untergebracht. Verbindung mit Wilhelmshaven, Kiel und Helgoland steht unter Kontrolle der Aufrührer.

Abgeschlossen 7. 11., 5 Uhr nachmittags.

Nr. 14 Aufruf Noskes an die Einwohnerschaft Kiels vom 8. November 1918[76])

Admiral Souchon hat die Geschäfte des Gouvernements heute infolge eines Beschlusses des Soldatenrates in meine Hände gelegt. Mein nachdrückliches Bestreben wird es sein, für restlose Herstellung geordneter Verhältnisse in der Stadt Sorge zu tragen. Den Truppen ist vom Soldatenrat zur strengsten Pflicht gemacht worden, unbedingte Ruhe und Ordnung zu bewahren. Ausschreitungen jeder Art soll mit rücksichtsloser Strenge entgegengetreten werden. An die Einwohner von Kiel richte ich das dringende Ersuchen, sich mit den veränderten Verhältnissen abzufinden.
Für den Arbeiter- und Soldatenrat gez. Noske, Kommissar für Marinesachen.

Nr. 15 Der Oberpräsident der Provinz Hannover, Gustav Noske, am 12. November 1926 über die Vorgänge in Kiel[77])

Abg. Joos:

Ich habe als Berichterstatter Herrn Oberpräsidenten Noske ein paar Fragen zu übermitteln:

1. War nach Ihrer Meinung oder nach Ihren Wahrnehmungen noch Mißstimmung unter den Mannschaften wegen der strengen Urteile aus dem Jahre 1917 vorhanden?

2. Gab es auf den Schiffen noch Organisationen, von denen man in ähnlicher Weise, wie sie 1917 aufgedeckt worden sind, gesprochen hat, USPD- oder andere Komitees?

3. War unter den Mannschaften das Gerücht verbreitet, nach Ihren Wahrnehmungen und Kenntnissen, die Sie 1918 gemacht hatten, daß die Flotte in den Tod geschickt werden sollte?

4. Haben sich Offiziere in diesem Sinne geäußert?

5. Wußten die Mannschaften, daß Waffenstillstandsverhandlungen schwebten und die Militärgewalt der Zivilgewalt unterstellt war?

6. Wäre nach Ihrer Auffassung, die Sie nach Fühlungnahme mit den Marinemannschaften bekommen haben, die Flotte auf Befehl etwa

---

[76]) Nach: „Kieler Zeitung“ vom 8. November 1918

[77]) Nach: Untersuchungsausschuß, 4. Reihe, Bd. IX/2, S. 68 ff. Die Befragung fand vor dem 4. Unterausschuß des Untersuchungsausschusses des Deutschen Reichstags statt.

der Reichsregierung ohne Revolte ausgelaufen, wenn also nicht die Seekriegsleitung oder die Marineleitung, sondern die Reichsregierung den Befehl zum Auslaufen gegeben hätte?

Oberpräsident Noske:

Ich kann vorweg mit einem einzigen Satz die Frage beantworten, ob mir bekannt sei, daß Fäden zwischen der Bewegung von 1917 bis zu dem Auseinanderbrechen der Flotte im Jahre 1918 bestanden haben. Ich vermag darüber nicht das Geringste zu sagen. Ich habe davon nichts gehört und habe solche Feststellungen in Kiel auch nicht machen können.
Ich kann die erste der vom Herrn Berichterstatter formulierten Fragen: War Mißstimmung unter den Mannschaften wegen der strengen Urteile aus dem Jahre 1917 vorhanden? mit Ja beantworten. Schon in der allerersten Sitzung, an der ich in Kiel am Montag, dem 4. November, auf der Station teilgenommen habe, war eine der Forderungen, die von den Wortführern der Mannschaften vorgetragen wurden, daß sofort die zu schweren Zuchthausstrafen verurteilten Kameraden freizulassen seien. Das ist auch eine von den Forderungen gewesen, die ich nachher — ich glaube in telefonischen Gesprächen — nach Berlin übermittelt habe.
Zweitens wurde ich gefragt, ob eine bestimmte Organisation bestanden habe. Ich habe keine Wahrnehmungen gemacht, daß auf den Schiffen eine regelrechte Organisation bestanden hat.
Richtig ist, daß mir immer wieder die Auffassung entgegengetreten ist, daß bei der Flottenleitung die Absicht bestanden hat, trotzdem das Ende des Krieges durch die Forderung nach Waffenstillstandsverhandlungen da war — das war irgendwie durchgesickert und allgemein bekannt —, trotzdem also die Leute mit dem Ende des Krieges rechneten, sie im letzten Augenblick noch zu einer großen Schlacht hinauszuschicken, die noch unzweifelhaft das Resultat gehabt hätte, daß Zehntausende mit den Schiffen auf den Meeresgrund hinuntergegangen wären. Die Offiziere, mit denen ich damals in einem tollen Durcheinander und Tohuwabohu, mit dem ich mich in Kiel abzufinden hatte, gesprochen habe, haben bestritten, daß eine solche Absicht bestand. Nun gebe ich aber zu, daß die Offiziere, mit denen ich damals auf der Station in unmittelbare Berührung gekommen bin, von den Interna der Flottenleitung nichts zu wissen brauchten und nichts wissen konnten. Das Kieler Stationskommando hatte auch ganz andere Aufgaben, als sich unmittelbar mit der Flottenleitung zu beschäftigen. Ich muß sagen, daß diese Auffassung der Offiziere in Kiel von damals sich nicht mit den Darlegungen

deckt, die ich im Dolchstoßprozeß in München von Herrn Admiral v. Trotha mit anhören konnte[78]).

Die Mannschaften wußten, daß Waffenstillstandsverhandlungen schwebten. Das war doch der Grund, daß sie mit dem Ende des Krieges rechneten; sie wollten nach Hause und nicht in den Tod. Ich glaube nicht, daß die große Masse der Leute darüber Klarheit hatte, was es bedeute, daß die Kommandogewalt des Kaisers eine Einschränkung erfahren und die zivilen Gewalten der Reichsregierung nunmehr mit hineinzureden hatten. Ich glaube, das sind Dinge, die der ganzen geistigen Einstellung des weitaus größten Teiles der Leute ferner lagen. Ich kann nicht sagen, ob die Leute gefürchtet haben, daß dadurch der Waffenstillstand gestört worden wäre. Vielleicht hat diese Erwägung dem einen oder anderen vorgeschwebt. Ich habe den Eindruck gehabt: Das treibende Moment, das sich mit elementarer Gewalt durchsetzte, war das: die Sache ist zu Ende, und in dem Augenblick sterben wir nicht mehr, sondern gehen zu Frau und Kindern heim!

Ob die Flotte auf Befehl der Reichsregierung ausgelaufen wäre, ist etwas, worüber ich mir eigentlich eine Vorstellung nicht machen kann. Ich glaube, das Instrument war in jenem Augenblick innerlich seelisch, soweit die Mannschaft in Frage kam, so zermürbt, daß überhaupt niemand mehr die Möglichkeit gehabt hätte, diesen ganzen großen Apparat noch einmal zu entscheidenden Schlägen, nach dem die Waffenstillstandsforderung bekanntgeworden war, durchzusetzen.

... Als ich nach Kiel kam, war die Flotte erledigt, sie war als Kriegsinstrument nicht mehr vorhanden. Ich bin am Montag, dem 4. November, abends nach Kiel gekommen[79]). Infolge der Schießerei, die am Sonntagnachmittag in den Straßen von Kiel stattgefunden hatte, ist am Montag die Auflehnung erst bei einzelnen Teilen, meines Wissens zuerst bei der Werftdivision, erfolgt; so haben sich wenigstens hinterher mir gegenüber Leute gerühmt, daß sie diese Dinge

---

[78]) Vizeadmiral v. Trotha sagte im Dolchstoßprozeß aus, daß die deutsche Flotte damals die Aufgabe hatte, in den Kanal vorzustoßen, um den Rückzug der deutschen Armeen von See her zu sichern. Für den Fall, daß die englische Hochseeflotte eingreifen würde, sollte ihr durch U-Boote und Minensperren die schwersten Verluste beigebracht werden.

[79]) Noske, der während des Krieges Marinereferent der sozialdemokratischen Fraktion war, wurde im Auftrage der Regierung des Prinzen Max von Baden am 4. November 1918 zur Wiederherstellung der Ordnung nach Kiel geschickt und übernahm dort das Amt des Gouverneurs.

vorbereitet hätten. Wieweit nachher das Durcheinander ging, die Neigung zur Renommisterei, und was nun tatsächlich von den einzelnen getan worden ist, das ist sehr schwer auseinanderzuhalten. Ich habe in Kiel unter den Mannschaften überhaupt nicht einen einzigen Kopf von nennenswertem Format gesehen, der bei der Erhebung in den Vordergrund getreten wäre. Der Mann aus dem Mannschaftsstande, der m. W. dort den aktivsten Teil darstellte, war ein Obermatrose Artelt, den ich damals in höchster Ekstase vorfand. Er hatte sich schon heiser geschrien, als er mich abends am Bahnhof in Empfang nahm. Ich habe nach 1919 nichts mehr von ihm gehört.
Artelt hatte wiederholt mir gegenüber erklärt, daß er als Mitglied der USPD Material an seine Kameraden verteilt habe. Welcher Art das Material war, ob legal oder nicht, weiß ich nicht. Es sind eine ganze Menge von Flugblättern verteilt worden. Artelt hat sich wenigstens mir gegenüber gerühmt, daß er Propaganda getrieben habe. Aber ich neige sehr stark zu der Auffassung, daß er mir gegenüber damals den Mund etwas sehr voll genommen hat. Jedenfalls ist Artelt nicht ein Mann von irgendwelcher Führerqualität gewesen, dem man zutrauen konnte, daß er etwa in planmäßiger Arbeit eine große Revolte vorbereitet hat.
Es hat dann damals auch ein Herr Popp eine gewisse Rolle gespielt, der ebenfalls Mitglied der USPD war und meines Wissens jetzt Mehrheitssozialdemokrat in Hamburg ist. Er war noch ein verhältnismäßig junger Mann, der aber natürlich höchstens gewisse Fäden zu einzelnen Leuten hätte halten können. Meines Wissens hat die USPD — so nannte sie sich wohl damals schon — überhaupt keinen Parteisekretär in Kiel gehabt.

Abg. Dittmann: Nein!

Ich habe natürlich sehr häufig über die Frage nachgedacht, wie die Dinge in Kiel möglich gewesen sind, und dabei auch immer wieder Betrachtungen darüber angestellt, ob das nun planmäßig vorbereitet worden ist, bin aber doch stets zu dem Resultat gekommen: wenn eine planmäßige Arbeit zum Zwecke der Erhebung zu einem früheren oder späteren Zeitpunkt geleistet worden wäre, dann mußte doch eine Führung da sein, und dann war es doch fast undenkbar, daß ausgerechnet ich, der ich mich bei den Unabhängigen Sozialdemokraten nichts weniger als lebhafter Sympathien erfreuen konnte, beinahe widerspruchslos innerhalb weniger Tage es fertigbringen konnte, jedenfalls die gesamte Garnison von Kiel hinter mich zu bringen, so weit, daß sie im wesentlichen davon Abstand nahm, weiteres Unheil anzurichten, und es möglich war, die Dinge in ganz kurzer Frist in leidlich erträgliche Bahnen zu leiten.

Abg. Dr. Rosenberg: War der Spartakus in Kiel irgendwie bemerkbar?
— Nein, ich habe nie das geringste gemerkt und auch nie gehört, daß irgendeiner von den Leuten sich darauf eingestellt hätte. Ob der eine oder der andere mitgelaufen ist, weiß ich nicht.
Zur Charakterisierung der Verhältnisse möchte ich noch sagen, daß ich erst den Versuch machen mußte, überhaupt so etwas von Apparat zu schaffen aus den Reihen von Soldaten, die gewillt waren, mir wenigstens einen Teil der Arbeit und Verantwortung abzunehmen. Als ich hinkam, habe ich nicht das Geringste von Leitung vorgefunden, um eine Leitung zu suchen. Ich habe gefragt: Wo sitzen eigentlich die Leute, die hier die Sache machen? Da wurde mir gesagt; daß da und dort ein Soldatenrat sei. Ich bin von einem Haus in das andere gegangen, um die Leute zu suchen, bei denen ich anpacken konnte. Weil diese Leute nirgends zu finden waren, ist dann das Kommando an mich übergegangen durch irgendein Gespräch, das wir vor einem Haus auf der Straße hatten.
Die Mannschaften liefen durch die Straßen; keiner wußte, wo Löhne ausgezahlt wurden, wo Lebensmittel ausgegeben wurden. Von außen herangeholte Infanteristen liefen nach einem Stück Brot herum.
Ich sagte: Das ist unmöglich, hier muß etwas geschehen. Da sagten die Leute: Wollen Sie nicht den Versuch machen, die Fäden in die Hand zu nehmen, um Ordnung und Leitung in die Geschichte hineinzubringen?
Mittags war auf dem Wilhelmsplatz in Kiel eine große Demonstration angesetzt, die glücklicherweise infolge fürchterlichen Regens nicht recht zur Enfaltung kam und schließlich darin bestand, daß ich hinging, auf ein Automobil kletterte und den Leuten sagte: Wir haben beschlossen, daß ich die Leitung übernehme; seid ihr damit einverstanden? Es herrschte Einverständnis, und ich habe gesagt: Gut, schickt mir dann am Nachmittag auf die Station Vertrauensleute, damit wir einen Apparat, eine Organisation schaffen. Dann fand nachmittags eine Sitzung statt, in der fünfzig, sechzig, achtzig Versammlungsteilnehmer waren. Aber da war das Durcheinander noch derartig und von einer Leitung so absolut nichts zu spüren, daß sich mir lediglich von etwa zwei oder drei Formationen die Leute vorstellten und sagten: Unsere Formation oder unser Schiff hat uns hierhergeschickt. Und dann habe ich mir der Reihe nach die Gesichter angesehen und habe auf gut Glück, wenn ich glaubte, daß der eine gescheiter aussah als der andere, mir aus dem Gewimmel einzelne herausgetippt und gesagt: Sie und Sie machen mit, und dann setzen wir uns nachher zusammen ...